Büchner | Lenz

Lektüreschlüssel XL

für Schülerinnen und Schüler

Georg Büchner

Lenz

Von Theodor Pelster

Reclam

Dieser Lektüreschlüssel bezieht sich auf folgende Textausgabe:
Georg Büchner: *Lenz*. Hrsg. von Ralf Kellermann und Eva-Maria Scholz. Stuttgart: Reclam, 2015. (Reclam XL. Text und Kontext, 19232.)
Diese Ausgabe des Werktextes ist seiten- und zeilengleich mit der in Reclams Universal-Bibliothek Nr. 7955.

E-Book-Ausgaben finden Sie auf unserer Website
unter www.reclam.de/e-book

Lektüreschlüssel XL | Nr. 15476
2018 Philipp Reclam jun. GmbH & Co. KG,
Siemensstraße 32, 71254 Ditzingen
Druck und Bindung: Canon Deutschland Business Services GmbH,
Siemensstraße 32, 71254 Ditzingen
Printed in Germany 2018
RECLAM ist eine eingetragene Marke
der Philipp Reclam jun. GmbH & Co. KG, Stuttgart
ISBN 978-3-15-015476-2

Auch als E-Book erhältlich

www.reclam.de

Inhalt

1. Schnelleinstieg 7

2. Inhaltsangabe 12

Lenz als Gast bei der Familie Oberlin in Waldbach (S. 3–17) 13

Lenz' Aufenthalt während der Abwesenheit Oberlins (S. 17–24) 15

Lenz' Abschiebung nach Straßburg (S. 24–33) 17

3. Figuren 20

Lenz 21

Oberlin 27

Friederike 33

Kaufmann 35

4. Form und literarische Technik 38

5. Quellen und Kontexte 44

6. Interpretationsansätze 47

Lenz – ein Fragment 47

Kaufmann und Lenz – ein Diskurs über Kunst und Literatur 54

Oberlin, Lenz und die christliche Religion 61

Lenz und »der Alb des Wahnsinns« 65

7. Autor und Zeit 72

8. Rezeption 81

9. Prüfungsaufgaben mit Lösungshinweisen 85

10. Literaturhinweise / Medienempfehlungen 94

11. Zentrale Begriffe und Definitionen 97

1. Schnelleinstieg

Autor	Georg Büchner (1813–1837), Mediziner, Naturwissenschaftler, Promotion durch die Universität Zürich. Deutscher Dramatiker, Mitverfasser der Flugschrift *Der Hessische Landbote* (1834)
Gattung	Erzählung, Fragment
Entstehungszeit und Erscheinungsjahr	• 1831: Georg Büchner erhält im Haus der Familie Stoeber (Straßburg) Einblick in Oberlins Bericht und weitere Lenz-Materialien • 1835: Büchner plant »eine Novelle Lenz« • 1836: Abbruch des Lenz-Projektes • 1839: Erstdruck. *Lenz, Eine Reliquie von Georg Büchner*, herausgegeben von Karl Gutzkow im *Telegraph für Deutschland* (8 Folgen)
Ort und Zeit der Handlung	Aufenthalt des Dichters Jakob Michael Reinhold Lenz im Haus des Pfarrers Oberlin in Waldbach (Steintal) vom 20. Januar bis zum 8. Februar 1778. Protokollartige Darstellung von Ereignissen, Wanderungen und Begegnungen in Waldbach und Umgebung
Stoffliche Grundlage	Die Lebens- und Leidensgeschichte des Dichters Jakob Michael Reinhold Lenz (1751–1792), erschlossen aus unterschiedlichen Quellen

Der Georg-Büchner-Preis

Für deutschsprachige Gegenwartsautoren ist es eine besondere Auszeichnung, wenn ihnen der Georg-Büchner-Preis zugesprochen wird. Dieser Preis, der 1923 vom Staat Hessen als Kunstpreis gestiftet und 1951 zu einem Literaturpreis umgewandelt wurde, wird jedes Jahr an »Dichter und Schriftsteller« vergeben, die »in deutscher Sprache schreiben, durch ihre Arbeiten und Werke in besonderem Maße hervorgetreten sind und an der Gestaltung des gegenwärtigen deutschen Kulturlebens wesentlichen Anteil haben«[1]. In den Georg-Büchner-Preis-Reden setzen sich Autoren der Gegenwart mit den Möglichkeiten und Schwierigkeiten literarischen Schaffens auseinander. Die Preisverleihung erfolgt jährlich Mitte Oktober, um so den Dichter Georg Büchner indirekt zu ehren, der am 17. Oktober 1813 im Großherzogtum Hessen-Darmstadt geboren wurde.

Büchners revolutionäre Flugschrift

Diese nachträgliche Anerkennung und Ehrung ist deshalb bemerkenswert, weil der Student Büchner mit der 1834 verfassten Flugschrift *Der Hessische Landbote* zur Revolution gegen die gegebene Staatsordnung im Großherzogtum aufgerufen hatte, deshalb von den staatlichen und polizeilichen Behörden steckbrieflich gesucht worden war und sich 1835 nur durch Flucht ins französische Ausland vor einer Verhaftung retten konnte. In Straßburg setzte er sein 1831 begonnenes Medizinstudium fort. Zugleich sammelte er Materialien, um, wie er seinen Eltern mitteilte,

Der geplante »Aufsatz« über Lenz

1 *Harenbergs Lexikon der Weltliteratur. Autoren – Werke – Begriffe*, Bd. 2: *Coc-Hea*, Dortmund 1989, S. 1078.

einen »Aufsatz«[2] über jenen Jakob Michael Reinhold Lenz zu schreiben, der sich in den Jahren zwischen 1772 und 1775 ebenfalls längere Zeit in Straßburg und Umgebung aufgehalten hatte.

Der Dichter Jakob Michael Reinhold Lenz

Als junger Autor, der schon Gedichte und Dramen veröffentlicht hatte, war Lenz aus dem fernen Livland 1771 nach Straßburg gekommen und war dort in einer Gruppe von Autoren, zu denen auch der junge Goethe gehörte, aufgenommen worden. Eine Zeitlang durfte er sich als ebenbürtig mit dem erfolgreichen Autor des Werther-Romans und des Dramas *Götz von Berlichingen* fühlen. Dann geriet er in eine Krise.

Jahre später – 1776 – hatte Goethe seine Rolle am Hof in Weimar gefunden; Lenz dagegen war erfolg- und mittellos. Er versuchte, die alte Freundschaft zu reaktivieren, besuchte Goethe in Weimar, verspielte jedoch die Gunst der Hofgesellschaft und wurde von Herzog Karl August aus der Stadt verwiesen. Verzweifelt suchte er Hilfe bei anderen ehemaligen Freunden. Sie vermittelten ihn an den Pfarrer Oberlin im elsässischen Waldbach. Dieser bemühte sich um den offensichtlich Kranken. Ohne Erfolg.

Begleitet von seinem Bruder, kehrte Lenz 1779 nach Livland zurück. Sein Leben endete 1792 glücklos in Russland.

Büchners Studium

Büchner war 1831 in Straßburg erfolgreich mit seinen naturwissenschaftlichen Arbeiten, wurde später

2 Brief vom Oktober 1835, in: Georg Büchner, *Sämtliche Werke nebst Briefen und anderen Dokumenten*, Gütersloh 1963, S. 446.

in Zürich promoviert und hatte Aussicht, an der Schweizer Universität eine Stelle als Dozent zu erhalten. Die Arbeit an den Materialien über den Autor Lenz, mit denen er sich 1835 beschäftigte, musste warten. Die geplante »Novelle Lenz«[3] blieb auch später als unfertiges Manuskript liegen.

Das Fragment

Im Oktober 1836 zog Büchner nach Zürich. Als er dann am 19. Februar 1837 nach kurzer Krankheit an Typhus starb, fand man das unvollendete Manuskript zum *Lenz* im Nachlass. Dieses »Fragment« galt und gilt als »Reliquie«[4], die authentisch die Kunst- und Lebensauffassung Georg Büchners spiegelt. Es wird gepriesen als Meisterwerk, mit dem »die moderne europäische Prosa [beginnt]«[5], als einer der wichtigsten Erzähltexte der Moderne, als das »wunderbarste Stück deutscher Prosa«[6].

Beziehungen zwischen Büchner und Lenz

Was als Aufsatz des jungen Autors Georg Büchner über den auf unglückliche Weise in Moskau ums Leben gekommenen Dichter Jakob Michael Reinhold Lenz geplant oder auch nur angekündigt war, wurde aufgrund der Entstehungsgeschichte, mehr aber noch aufgrund der situativen Beziehungen zwischen dem schreibenden Autor und dem beschriebenen Vorläufer, zu einem »Stück außergewöhnlicher Literatur«[7].

3 Brief von Karl Gutzkow vom 6. 2. 1836, in: Gerhard Schaub, *Erläuterungen und Dokumente. Georg Büchner, »Lenz«*, Stuttgart 1987, S. 72.
4 Schaub (s. Anm. 3), S. 82.
5 Arnold Zweig, in: Schaub (s. Anm. 3), S. 88.
6 Elias Canetti, in: Schaub (s. Anm. 3), S. 89.
7 Jan-Christoph Hauschild, *Georg Büchner. Biographie*, Stuttgart/Weimar 1993, S. 499.

Lenz wie Büchner hatten die Heimat verlassen (müssen), ertrugen schwere Konflikte mit ihren Vätern, wollten politisch wirken, scheiterten, mussten fliehen, litten daran, dass sie in dem einen Fall auf Zeit, in dem andern endgültig von ihrer Geliebten getrennt waren. Durch diese Konstellation wurde »Lenz [...] zur Fallstudie eines künstlerischen, psychischen und damit auch sozialen Grenzgängers«[8]. Büchners Text ist nicht nur da, wo der Autor auf gesicherte Quellen zurückgreift, wirklichkeitsnah, sondern auch da, wo er sein medizinisches Wissen einbringt. Gleichzeitig ist der Text von höchster ästhetischer Wirkung und gilt deshalb als mustergültiges Beispiel realistischer Literatur.

Lenz – ein Beispiel realistischer Literatur

8 Hauschild (s. Anm. 7), S. 499.

2. Inhaltsangabe

Lenzens Vorgeschichte

- Geburt: 23. 1. 1751 in Livland
- Kindheit in der Heimat
- Studium der Theologie
- Studienabbruch und Berufswahl: Konflikt mit dem Vater
- Beziehung zu Friederike Brion
- Ab dem 20. Januar 1778 für 20 Tage zu Gast bei Pfarrer Oberlin

Erzählte Geschichte: 20 Tage

- 20. Januar 1778: Ankunft in Waldbach (S. 3)
- Aufnahme im Hause Oberlins (S. 6)
- Predigt im Gottesdienst (S. 10)
- Diskurs mit Kaufmann (S. 13)
- Oberlins Reise mit Kaufmann (S. 17)
- Erinnerungen an das Frauenzimmer (S. 21)
- 3. Februar: Kind in Fouday (S. 22)
- 4. Februar: Lenzens Auferweckungsversuch (S. 22 f.)
- Oberlins Rückkehr (S. 24)
- Lenzens Krise und Selbsttötungsversuch (S. 24 ff.)
- 8. Februar: weitere Selbsttötungsversuche (S. 32 f.)
- Abtransport nach Straßburg: »– – So lebte er hin.« (S. 33)

Abb. 1: Strukturskizze

Quelle und literarischer Text

Unter den vielen Quellen, die Georg Büchner bei der Abfassung des *Lenz* direkt und indirekt verarbeitet hat, ist der Bericht des Pfarrers Johann Friedrich Oberlin[9] über den Aufenthalt des Dichters Jakob Michael Reinhold Lenz im elsässischen Steintal in der

9 *Der Bericht Oberlins*, in: Georg Büchner, *Lenz*, hrsg. von Ralf Kellermann, Stuttgart 2015, S. 59–71.

Zeit vom 20. Januar bis zum 8. Februar 1778 mit Abstand die Wichtigste. Oberlins Darstellung, die aller Wahrscheinlichkeit nach auf der Grundlage seiner persönlichen Tagebuchaufzeichnungen vom März 1778 abgefasst wurde und der Rechtfertigung seines Verhaltens gegenüber eventuell zu erwartenden Vorwürfen dienen sollte, war in der Art eines Verlaufsprotokolls angelegt, das chronologisch festhielt, was geschehen war. Der Autor Georg Büchner übernimmt diese Strukturierung für seinen literarischen Text.

Lenz als Gast bei der Familie Oberlin in Waldbach (S. 3–17)

Ankunft im Haus Oberlins

Nach einer beschwerlichen Wanderung durch das unwirtliche Gebirge der Vogesen erreicht Lenz »den 20. [Januar]« (S. 3) sein Ziel, wird »in Waldbach im Pfarrhause« (S. 5) von Oberlin, dem Pfarrer der umliegenden Dörfer, aufgenommen und »war gleich zu Haus« (S. 6). Er, von dem der Hausherr »einige Dramen gelesen hat«, schildert in Kürze seine Lebensumstände, wird von plötzlichen Angstzuständen gepackt, als er sich später allein in seinem »Zimmer im Schulhause« (S. 6) zurechtzufinden sucht, und beruhigt sich erst wieder, als Oberlin zu Hilfe kommt.

Lenz als Prediger im Gottesdienst

In den nächsten Tagen begleitet Lenz Oberlin bei Hausbesuchen und bittet, an Stelle Oberlins die Sonntagspredigt halten zu dürfen. Dies wird erlaubt, da Lenz sich als »Theologe« (S. 9) ausweisen kann. Mit seiner Predigt erfüllt er die Erwartungen der Leute; er selbst ist von diesem Gottesdienst erschüttert. Als er allein in seinem Zimmer ist, kann er »kein Ende finden der Wollust«, empfindet »ein leises tiefes Mitleid in sich selbst« (S. 11).

Gespräch über geisterhafte Erscheinungen

»Am folgenden Morgen« erzählt Lenz, dass ihm »seine Mutter erschienen sei« (S. 11); Oberlin berichtet von ähnlichen Erfahrungen; beide stimmen darin überein, dass »die einfachste, reinste Natur [...] mit der elementarischen« zusammenhänge, dass »in allem eine unaussprechliche Harmonie« (S. 12) sei.

Besuch von Kaufmann

Dieser Erfahrungsaustausch wird unterbrochen, als Kaufmann, ein Dichterkollege und Gefährte von Lenz aus dessen Straßburger Zeit, mit seiner Braut in Waldbach erscheint. Kaufmann erinnerte Lenz »an so vieles« (S. 13), was er glaubt überwunden zu haben, was er auch vor Oberlin geheim halten möchte, und von dem er nun fürchtet, dass Kaufmann es Oberlin mitteilen könnte.

Diskurs über die »wahre« Kunst

Kaufmann und Lenz diskutieren bei Tisch kontrovers über Literatur und darstellende Kunst. Entgegengesetzte Meinungen prallen aufeinander, Lenz bleibt beherrscht, »bald lächelnd, bald ernst« (S. 16).

Lenz und sein Vater

Als Kaufmann dann nach dem Essen »Briefe von Lenzens Vater« (S. 16) übergibt, in denen Lenz aufgefordert wird, nach Hause zurückzukommen, und als Kaufmann diese Forderung unterstützt, wird Lenz »heftig«, fragt: »Was will mein Vater?« (S. 17) und lässt erkennen, dass er Distanz zu seinem Vater halten will.

Lenz, der mit sich umgeht »wie mit einem kranken Kinde«, setzt, um gesund zu werden, ganz auf Oberlin: »Seine Worte, sein Gesicht taten ihm unendlich wohl« (S. 17). Deshalb erschrickt er, als er hört, dass Oberlin Kaufmann begleiten werde, um den Pfarrer und Schriftsteller Lavater, mit dem Oberlin seit langem in Briefkontakt steht, in Zürich zu besuchen. Lenz begleitet die beiden »ins Gebirg« und geht »allein zurück« (S. 17).

Die Abreise von Kaufmann und Oberlin

Lenz' Aufenthalt während der Abwesenheit Oberlins (S. 17–24)

Lenz verirrt sich

Lenz streift unstet durchs Gebirge und gelangt zu einer Hütte, die von einer alten Frau und einem kranken Mädchen bewohnt ist. Hier bekommt er etwas zu essen und eine Schlafstelle. Ein Mann, der »im Rufe eines Heiligen« (S. 20) steht, kümmert sich um das Mädchen. Lenz fürchtet sich vor »dem gewaltigen Menschen«, aber auch »vor sich selbst in der Einsamkeit« (S. 20). Holzhauer zeigen ihm, wie er zurück nach Waldbach ins Steintal kommt. Dort verbringt er »halbe Nächte im Gebet und fieberhaften Träumen« (S. 20). Tagsüber »zeichnete, malte, las, griff [er] nach jeder Zerstreuung, alles hastig von einem zum andern« (S. 20). Die Liedzeile »Ich hab mein Schatz und der ist weit« (S. 21), von einer Magd gesungen, schreckt ihn auf. Er fühlt sich an ein »Frauenzimmer« erinnert, »dessen Schicksal mir so zentnerschwer auf dem Herzen liegt« (S. 21). Erinnerungen werden

Erinnerungen an das »Frauenzimmer«

wach. Bleiben sie verschwommen, so »martert« ihn das; erhellen sie sich, so ist ihm wieder »recht wohl« (S. 22). Von diesem »Frauenzimmer«, »ganz Kind« (S. 21), spricht er später noch oft; dann wird man erfahren, dass es sich um »Friederike« (S. 25) handelt, um jene Friederike Brion aus Sesenheim, die zuerst von Goethe, dann von Lenz geliebt und angedichtet wurde.

Lenz und das verstorbene Mädchen

»Am dritten Hornung« (S. 22), also am 3. Februar, erfährt Lenz, dass im Nachbarort ein Mädchen gestorben sei. Er, der gefleht hat, »Gott möge ein Zeichen an ihm tun« (S. 22), glaubt, dass er berufen sei, das Kind zu erwecken. Er tritt zu dem Kind, spricht »laut und fest: ›Stehe auf und wandle!‹«. Aber »die Leiche blieb kalt« (S. 23).

Lenz »halb wahnsinnig«

Dadurch fühlt er sich von Gott zurückgestoßen. Er stürzt »halb wahnsinnig nieder«, glaubt, einen »Triumphgesang der Hölle« zu hören, und er, der im sonntäglichen Gottesdienst noch von Wollust ergriffen war, wird jetzt von einem »Atheismus« erfasst – »ganz sicher und ruhig und fest« (S. 23). Ihm ist bewusst, »am Abgrund« (S. 24) zu stehen. Er hat »Angst«, verloren zu sein, da er sich der schlimmstmöglichen »Sünde« (S. 24) schuldig gemacht hat. Doch er bereut nicht, sondern »eine wahnsinnige Lust« treibt ihn, »sich diese Qual zu wiederholen« (S. 24).

Lenz' Abschiebung nach Straßburg (S. 24–33)

»Einige Tage darauf« (S. 24) kommt Oberlin zurück. Nun dringt auch er auf Lenz ein, »sich in den Wunsch [des] Vaters zu fügen« (S. 24). Für Lenz ist das unmöglich, er hält sich für »verdammt in Ewigkeit« (S. 24). Der Hinweis Oberlins auf die Gnade des Gottessohnes kann ihn nicht überzeugen.

■ Oberlins Rückkehr

Seine Hoffnung würde Lenz auf das »Frauenzimmer« (S. 24) richten, wenn er nicht befürchten müsste, dass das geliebte Mädchen verstorben sei. Als Oberlin anbietet, Erkundigungen einzuziehen, ist Lenz vorübergehend beruhigt, geht aber nicht weiter auf das Angebot ein. Am »Nachmittag« kommt Lenz mit einem »Bündel Gerten« (S. 25) zu Oberlin und will sich schlagen lassen. Doch Oberlin küsst ihn und versucht, ihn durch Hinweise auf Jesu Erlösertat zu beruhigen. »Um Mitternacht« läuft Lenz, den Namen »Friederike« (S. 25) rufend, zwischen Haus und Brunnentrog hin und her und ist offensichtlich verwirrt. »Am folgenden Morgen« bleibt er im Bett liegen und weist Oberlin, der ihm rät, »er möge sich zu Gott wenden«, zurück: Er sei nicht so glücklich wie Oberlin, er sei nicht gläubig, er sei »gar nichts, gar nichts, ich mag mich nicht einmal umbringen« (S. 26). »Den Nachmittag« (S. 26) sucht Lenz Oberlin auf und gesteht ihm, einen Selbsttötungsversuch unternommen zu haben.

■ Lenzens vergebliche Hoffnung

Daraufhin bittet Oberlin den Schulmeister des Nachbarorts, zu Hilfe zu kommen. Mit Sebastian, dem Schulmeister, besucht Lenz das Grab des Mäd-

■ Lenz und sein Betreuer

chens, das er hatte auferwecken wollen. Als Lenz sich zunehmend auffällig verhält, bemüht sich Sebastian um Verstärkung. Lenz entzieht sich der Bewachung und wird von Freunden aufgegriffen, denen gegenüber er sich als »Mörder« (S. 28) ausgibt. Er wird nach Waldbach zurückgebracht. Oberlin empfiehlt ihm zu beten, »wenn er nicht schlafen könne« (S. 28). So übersteht Lenz die Nacht.

»Den folgenden Morgen« wirkt er ausgeglichen, glaubt jedoch, aus Hieroglyphen erschlossen zu haben, dass »das Frauenzimmer [...] gestorben« sei (S. 28).

Lenzens »trostloser Zustand«

Zusammenfassend heißt es nun: »Sein Zustand war indessen immer trostloser geworden« (S. 29). Lenz ist durchgehend unausgeglichen, unruhig, hin- und hergerissen: »Die Zufälle des Nachts steigerten sich aufs Schrecklichste. [...] der Wahnsinn packte ihn [...]. Auch bei Tage bekam er diese Zufälle, sie waren dann noch schrecklicher« (S. 30). Hilfe, vor der »Kluft unrettbaren Wahnsinns« (S. 31) bewahrt zu werden, erhofft er einzig von Oberlin. Dieser empfindet »unendliches Mitleid«; die Familie betet »für den Unglücklichen«; die Mägde halten ihn »für einen Besessenen« (S. 31). In Augenblicken höchster »Angst« (S. 31) und größter »Qual« fügt Lenz sich »heftigen physischen Schmerz« zu (S. 32). Zu Unrecht glaubt man, es seien »Versuche zum Entleiben« (S. 31).

Lenz und die »entsetzliche Stimme«

»Den 8. morgens« bleibt Lenz im Bett und erklärt, »er glaube gar nicht, dass er gehen könne« (S. 32). Später verlässt er das Haus, klagt Oberlin gegenüber, dass ihn die »entsetzliche Stimme, die um den ganzen Horizont schreit, und die man gewöhnlich die Stille heißt« (S. 32), am Schlaf hindere. Als am Abend »etwas im Hof mit […] starkem Schall« (S. 32) platzt, muss man annehmen, dass Lenz einen weiteren Selbsttötungsversuch unternommen hat.

Abtransport nach Straßburg

Am nächsten Tag wird er abgeholt, »durchs Gebirg zurück« ins »Rheintale«, am nächsten Morgen nach »Straßburg« (S. 33) gebracht. Es gibt keine Hoffnung für ihn: »es war […] eine entsetzliche Leere in ihm […]; sein Dasein war ihm eine notwendige Last. – – So lebte er hin« (S. 33).

3. Figuren

Abb. 2: Figurenkonstellation

Reale und literarische Personen

Nicht nur die Hauptfiguren Lenz und Oberlin, sondern auch die meisten Nebenfiguren wie Kaufmann, der Schulmeister Sebastian, Lavater und Pfeffel sind historisch bezeugte Personen aus dem wirklichen Leben.

Büchners Text ist jedoch kein Tatsachenbericht, sondern ein literarisches Werk; deshalb muss das Denken und Handeln der Figuren aus dem Werk, nicht aus der historisch ermittelten Wirklichkeit verstanden werden. Da jedoch einzelne Aussagen des Textes in ihrer Bedeutung nur zu erfassen sind, wenn der Kontext der angedeuteten Lebenssituation bekannt ist, werden den literarischen Charakteristiken Kurzbiographien der historisch nachweisbaren Personen vorangestellt.

Lenz

Kurzbiographie

Jakob Michael Reinhold Lenz wurde am 23. Januar 1751 in Livland als Sohn eines eingewanderten deutschen Pastors und einer Mutter geboren, die ihrerseits aus einer Pfarrersfamilie stammte. Er besuchte das Gymnasium in Dorpat und begann auf Veranlassung des Vaters 1768 das Studium der Theologie in Königsberg. Häufiger als die theologischen Vorlesungen besuchte er die Vorlesungen des Philosophen Immanuel Kant, der seit 1755 als Privatdozent an der Königsberger Universität lehrte, 1770 zum Professor ernannt wurde und später mit seinen aufklärerischen kritischen Schriften Weltruhm errang. Seinem verehrten Lehrer schrieb Lenz 1770 ein »Widmungsgedicht«.

■ Kindheit und Jugend

Abb. 3: Jakob Michael Reinhold Lenz
Kupferstichvignette von Georg Friedrich Schmoll, 1776

Als Lenz sein Hauptstudium vernachlässigte, kam es zum Konflikt mit dem Vater, der auf ein Examen und die Rückkehr nach Livland drängte. Lenz brach das Studium jedoch 1771 gegen den Willen des Vaters ab. Für Lenz war der Konflikt mit seinen Eltern, vor allem mit seinem Vater, von höchster Bedeutung.

Abbruch des Studiums

Er verdingte sich als Gesellschafter an die Brüder Friedrich Georg und Ernst Nikolaus von Kleist und kam mit ihnen über Berlin und Leipzig nach Straßburg. Aus dem äußersten Osten des deutschsprachigen Gebiets wechselte er damit an den äußersten Westen. Als »Hofmeister« der adeligen Brüder hatte er eine unbezahlte Dienerrolle. Doch konnte er so, wie er glaubte, seinen ureigenen Interessen und Begabungen nachgehen: Schon in Dorpat hatte er Gedichte und Dramen geschrieben; jetzt, in Straßburg, nutzte er jede freie Minute zu literarischer Arbeit.

Lenz in Straßburg

In Straßburg fand Lenz Kontakt zu einem Kreis junger Leute – in der Mehrzahl Studenten –, die kulturell interessiert, belesen und offen für neue Ideen waren. Zu ihnen gehörten Jung-Stilling, dessen Autobiographie *Heinrich Stillings Jugend* 1777 veröffentlicht wurde, Heinrich Leopold Wagner, der später das Drama *Die Kindsmörderin* verfasste, und vor allem Johann Wolfgang Goethe, der 1770 nach Straßburg gekommen war, um seine Studien abzuschließen. In diesem Kreis, in dem man rückblickend das Zentrum der Epoche des »Sturm und Drangs« sieht, wurde Lenz als »Genie« angesehen, das hier seine volle Schaffensfreude entwickelte und in

Produktivität, Wirkung und Ansehen Goethe sehr nahe kam.

Lenz und Goethe

Lenz suchte und fand die Freundschaft Goethes. Man besuchte sich gegenseitig. Gemeinsam verbrachten sie eine Zeit bei Goethes Schwester Cornelia, die – verheiratet – in Emmendingen lebte. Im Frühjahr 1776 reiste Lenz nach Weimar, wo der junge Herzog Karl August und Goethe durch ihren freundschaftlichen Umgang und ihr jugendliches Treiben für Aufsehen und – in adligen Kreisen – für Ärger sorgten. Lenz hoffte, in Weimar Anklang zu finden, wurde aber unter nie ganz geklärten Umständen zurückgewiesen und aus Weimar verbannt.

Lenz im Steintal

Er fand dann noch einmal Aufnahme in Emmendingen, besuchte Johann Kaspar Lavater, den Geistlichen und Physiognomen, in Zürich und wurde von diesem an den Pfarrer Oberlin in Waldbach im Steintal empfohlen; denn es war klar: Lenz war krank. Hoffnung setzte man auf den weithin bekannten seelenkundigen Pfarrer Oberlin. Lenz hielt sich vom 20. Januar bis zum 8. Februar 1778 bei Pfarrer Oberlin in Waldbach auf. Von diesem Aufenthalt handelt Georg Büchners *Lenz*.

Jakob Michael Reinhold Lenz fand keine Heilung. Eine weitere Kur war ergebnislos. Er suchte in Riga, dann in Petersburg eine Anstellung. Weder hier noch später in Moskau gelang es ihm, dauerhaft Fuß zu fassen. Er war auf die Unterstützung von Freunden angewiesen. Übersetzungsarbeiten brachten nichts ein. Seine Krankheit verschlimmerte sich. Am 24. Mai

1792 wurde er tot auf einer Moskauer Straße aufgefunden. Wann und wo Lenz beerdigt wurde, ist unbekannt.

Der Tod in Moskau

Literarische Charakteristik

Als Lenz nach anstrengendem Marsch ins Pfarrhaus von Waldbach tritt, wirkt er abgekämpft und verwirrt: »die blonden Locken hingen ihm um das bleiche Gesicht, es zuckte ihm in den Augen und um den Mund, seine Kleider waren zerrissen« (S. 5). Man hält ihn aufgrund seines Äußeren für einen »Handwerker« (S. 5). Er ist froh, in der Pfarrersfamilie aufgenommen zu werden. Er scheint sein Ziel erreicht zu haben, denn er wird »ruhig«, wie mehrfach gesagt wird (S. 5 f.).

Erstes Auftreten

Oberlin, der Pfarrer, kennt Lenz dem Namen nach, weiß, dass er »gedruckt« ist, und hat »einige Dramen« (S. 5) von ihm gelesen. Später erfährt man genauer, dass Lenz die Dramen *Der Hofmeister* und *Die Soldaten* (S. 14) verfasst hat und die »Literatur« (S. 13) das Gebiet ist, auf dem er sich auskennt und seine Ansichten zu vertreten weiß. Bei der ersten Begegnung mit Oberlin möchte er aber nicht weiter auf literarische Themen angesprochen werden.

Lenz als Literat

Er ist froh, »willkommen« (S. 5) zu sein, fällt dann in eine Krise, als er sich allein im »Zimmer im Schulhause« (S. 6) zurechtfinden soll, scheint sich aber in den nächsten Tagen zunehmend zu erholen: »Es wirkte alles wohltätig und beruhigend auf ihn« (S. 7). Heilende Wirkung scheint von Pfarrer Oberlin auszu-

Die Krise

gehen wie auch von der Natur, die sie gemeinsam durchstreifen, wenn Lenz Oberlin bei dessen Hausbesuchen in den verschiedenen Gemeinden begleitet.

Versuche der Krisenbewältigung

In dieser Phase liest Lenz häufig in der »Bibel« (S. 8), findet neuen Zugang zum Neuen Testament: »jetzt erst ging ihm die Heilige Schrift auf«. Er berichtet Oberlin, »wie Gott so ganz bei ihm eingekehrt« sei, fühlt sich gestärkt durch »dies Sein in Gott« (S. 9). Seinem Wunsch, »wohl einmal predigen« zu dürfen, kommt Oberlin entgegen, nachdem er sich vergewissert hat, dass Lenz »Theologe« ist (S. 9). Der Gottesdienst hat große Wirkung auf Lenz. Zunehmend glaubt er, »in allem eine unaussprechliche Harmonie« (S. 12) zu erkennen. Nicht nur in der Bibel, sondern auch in der Natur scheint sich ihm Gott zu offenbaren.

Das Zusammentreffen mit Kaufmann

Einen Rückschlag erfährt er durch das »Zusammentreffen« (S. 13) mit Kaufmann. »Unangenehm« ist Lenz, dass »der seine Verhältnisse kannte« (S. 13). Erst durch Kaufmann erfährt Oberlin nämlich, dass die Auffälligkeiten im Verhalten von Lenz nicht Zeichen einer kurzzeitigen Krise sind, sondern Merkmale einer sich in Schüben entwickelnden Krankheit. Noch während des Aufenthalts bei Pfarrer Oberlin werden sich die »Zufälle« (S. 30) häufen, wird er an der »Kluft unrettbaren Wahnsinns« (S. 31) stehen. Was früh in dem Bild angedeutet wird, dass ihm sei, »als jage der Wahnsinn auf Rossen hinter ihm« (S. 5), verwirklicht sich, als Lenz vergeblich bittet, »dass Gott ein Zeichen an ihm tue«, und er »halb wahnsinnig« niederstürzt (S. 23). In diesem Augenblick »griff der Atheismus in ihn« (S. 23). Für ihn, der Ruhe, Harmonie und Geborgenheit suchte, ist nun »alles leer und hohl« (S. 23).

Erinnerungen an die Vergangenheit

In Augenblicken der Krise blickt Lenz auf seinen Lebensweg zurück. Er erinnert sich, dass er sich als Kind bei seiner Mutter geborgen gefühlt hat, und ein »heimliches Weihnachtsgefühl« (S. 9) beschleicht ihn, wenn er an seine Mutter denkt. Dann glaubt er, von »Friederike« (S. 25) geliebt worden zu sein, er »war immer ruhig, wenn [er] sie ansah« (S. 21). Beide Frauen, so fürchtet er, seien tot; beider Tod glaubt er verursacht zu haben. Die erste entscheidende Zurückweisung hat er jedoch durch den eigenen Vater erfahren. Jede Mahnung, er solle zum Vater zurückkehren, bringt ihn auf: »Ich würde toll! toll! Lasst mich doch in Ruhe!« (S. 16).

Der Ausbruch des Wahnsinns

Er verkennt, dass er längst »toll« ist, dass er keine Ruhe mehr finden wird. Er unternimmt mehrere Selbsttötungsversuche. Am Ende wird er – nach einem Aufenthalt von zwanzig Tagen im Hause Oberlin – nach »Straßburg« (S. 33) abgeschoben.

Oberlin

Kurzbiographie

Herkunft

Johann Friedrich Oberlin wurde am 31. August 1740 als Sohn eines Gymnasiallehrers und einer pietistisch beeinflussten Mutter in Straßburg geboren. Hier besuchte er das Gymnasium, wechselte zur Universität, studierte Theologie, vertiefte seine Kenntnisse in den alten Sprachen und eignete sich ein breites Grundwissen in den philosophischen, aber auch in naturwissenschaftlichen Disziplinen an.

Weitere Ausbildung

Im Alter von 23 Jahren nahm er in der Familie des Straßburger Wundarztes Ziegenhagen eine Stelle als Hauslehrer an. In dieser Zeit vertiefte er sich in die pädagogischen Lehren der Aufklärung, erwarb sich medizinische Grundkenntnisse, lebte nach seiner pietistischen Grundüberzeugung und strebte dem Ideal praktizierter Humanität nach.

Pfarrer im Steintal

Im Jahr 1767 kam er als Nachfolger des Pfarrers Johann Georg Stuber in das etwa 50 km von Straßburg entfernte Steintal, einen abgelegenen und unterentwickelten Landstrich. Oberlin bezog das Pfarrhaus in Waldbach, heiratete seine Cousine Marie Madeleine Salomé Witter und begann seine segensreiche Tätigkeit: Er förderte den Bau von Schulen, kümmerte sich um die Ausbildung von Lehrern und Erzieherinnen, ließ Wege und Bewässerungsanlagen bauen, förderte die wirtschaftliche Entwicklung durch die Einrichtung von Webereien und vermittelte neue Erkenntnisse erfolgreicher landwirtschaftlicher Produktion. Im Pfarrhaus richtete er eine Apotheke ein und unterrichtete über Unfallhilfe und Wundversorgung.

Die Familie Oberlin

Neun Kinder wurden der Familie in fünfzehn Ehejahren geboren. Zwei Kinder verstarben früh. Im Jahr 1783 starb die Frau und Mutter, »deren Gesundheit den harten Lebensbedingungen auf die Dauer nicht gewachsen war«[10].

10 Udo Müller, *Lektürehilfen. Georg Büchner. »Lenz«*, Stuttgart/München [u. a.] 1997, S. 50.

Oberlins Ruf als Sozialreformer

Aufgrund seiner zahlreichen Aktivitäten war Oberlin nicht nur im Steintal ein allseits anerkannter Mann. Sein Ruf als Sozialreformer und als Menschenfreund verbreitete sich. In ihm sah man das Leitbild tätiger Humanität, gegründet auf einer protestantisch-pietistischen Grundüberzeugung.

Verhaftung und Rehabilitation

Die antikirchlichen Tendenzen der Französischen Revolution brachten Oberlin 1794 um sein Amt: Er wird kurzzeitig verhaftet, dann befreit, später im Nationalkonvent lobend erwähnt. Er stirbt am 1. Juni 1826. Der Straßburger Pfarrer Jaeglé hält die Grabrede. Dessen Tochter wird sich einige Jahre später mit Georg Büchner verloben.

Für Oberlin war der Aufenthalt des Dichters Jakob Michael Reinhold Lenz in Waldbach nur eine – allerdings besonders herausfordernde – Episode seiner langen Tätigkeit.

Literarische Charakteristik

Oberlin als Pfarrer

Oberlin ist Pfarrer von Waldbach und den benachbarten Gemeinden. Er fühlt sich nicht nur für den Gemeindegottesdienst verantwortlich, sondern für das Wohlergehen der Leute insgesamt. Er ist die anerkannte Autorität im Steintal. Wenn er die Leute trifft oder besucht, ist ihm Anerkennung sicher: »In den Hütten war es lebendig, man drängte sich um Oberlin, er wies zurecht, gab Rat, tröstete; überall zutrauensvolle Blicke, Gebet« (S. 7). Dieses Ansehen verdankt er weniger seiner Stellung als vielmehr den Ak-

Abb. 4: Johann Friedrich Oberlin

tivitäten, die er offensichtlich geplant und angeregt hat – »Wege angelegt, Kanäle gegraben« (S. 7) –, und mehr noch seiner vorbildhaften Persönlichkeit. Er ist fromm, theologisch gebildet, zugleich weltoffen und hilfsbereit allen Menschen gegenüber.

Oberlin als Hausvater

Mit seiner Familie wohnt er »in Waldbach im Pfarrhause« (S. 5). Er ist der Hausvater, der Lenz »willkommen« (S. 5) heißt, ihn nach dem Namen fragt und ihn zum Erzählen bringt, während seine Frau – die »Mutter, die hinten im Schatten engelgleich stille saß« (S. 5) – nicht zu Wort kommt, sich aber auch nicht zu Wort meldet. Zur Rollenverteilung gehört, dass der Mann nach außen herrscht, die Frau und Mutter als »engelgleich« verehrt wird, aber im Hintergrund, »im Schatten« bleibt. Nicht vor seiner Frau rechtfertigt der Hausherr seine Entscheidungen, sondern vor Gott: Als Lenz erschienen war, hatte er das »als eine Schickung Gottes, der den Unglücklichen ihm zugesandt hätte« (S. 13), angesehen.

Oberlin und Lenz

Oberlin sorgt für Lenz, nimmt ihn mit bei seinen Hausbesuchen, führt lange Gespräche mit ihm, lässt ihn auf seinen Wunsch hin im sonntäglichen Gottesdienst predigen – und, wie es heißt, »er liebte ihn herzlich […], und niemand frug, woher er gekommen und wohin er gehen werde« (S. 13). Oberlin übt seine heilende Wirkung auf Lenz aus, obwohl er oder weil er dessen »Verhältnisse« (S. 13) nicht kennt, ehe er von Kaufmann aufgeklärt wird.

Oberlin als Gastgeber

Kaufmann und seine Braut sind im Hause Oberlin ebenfalls willkommen und wohl auch bekannt. »Über

Tisch« (S. 13) – d. h. während der Mahlzeit – wird über Literatur gesprochen. Dabei hält sich Oberlin, der sich vorher durchaus als Literaturkenner ausgewiesen hat, zurück. Einzig Lenz und Kaufmann diskutieren miteinander. Ob Oberlins Familie bei Tisch zugegen ist, bleibt ungewiss.

Oberlins Kontaktsuche

Oberlin scheint an Diskussionen und gesellschaftlichen Kontakten durchaus interessiert. So muss Kaufmann ihn nicht lange überreden, mit »in die Schweiz zu gehen«, um »Lavater, den er längst durch Briefe kannte, auch persönlich kennen zu lernen« (S. 17). »Früher als man es erwartet hatte« (S. 24) kommt Oberlin dann zurück; vermutlich, weil er durch Kaufmann über den Krankheitszustand von Lenz informiert wurde und weil er sich jetzt nicht mehr nur um Lenz, sondern auch um seine Familie sorgt.

Oberlins Überforderung

Angesichts der neuen Situation ist Oberlin überfordert. Seine moralischen Appelle sind ebenso sinn- und zwecklos wie die Hinweise auf die Zehn Gebote: »Ehre Vater und Mutter und dergleichen mehr« (S. 24). Oberlin kann nur noch verhindern, dass Lenz sich das Leben nimmt. Helfen kann er nicht mehr. Er scheint zu veranlassen, dass man Lenz nach Straßburg bringt.

Friederike

Kurzbiographie

Friederike Elisabeth Brion, geboren am 19. April 1752 als Tochter des Geistlichen Johann Jakob Brion und seiner Ehefrau Maria Magdalena in Niederrödern, spielte im Leben der Dichter Johann Wolfgang Goethe und Jakob Michael Reinhold Lenz eine so bedeutende Rolle, dass sie in literaturgeschichtlichen Abhandlungen über die Epoche des »Sturm und Drangs« eine nicht unbedeutende Stelle einnimmt.

■ Friederike Brion in der Literaturgeschichte

Johann Jakob Brion war in den siebziger Jahren Pastor in Sesenheim, einem etwa 15 Kilometer von Straßburg entfernten Dorf, und lebte dort mit seiner Familie, seinen Eltern, seiner Frau, seinem Sohn und seinen drei Töchtern. Das Haus galt als gastfreundlich und hatte häufig Besuch von Studenten aus Straßburg und von Offizieren der nahe gelegenen Garnison Fort Louis.

Im Sommer 1770 lernte Goethe, mit einem Freund aus Straßburg kommend, die Familie kennen und war besonders von Friederike, der zweitältesten Tochter, angetan. Im Frühjahr 1771 verbrachte er eine längere Zeit im Haus Brion. In dieser Zeit entstanden die berühmten *Sesenheimer Lieder*. Am 6. August 1771 verteidigte Goethe dann in einer öffentlichen Disputation eine Reihe rechtswissenschaftlicher Thesen und beendete damit sein Studium in Straßburg. Nach Sesenheim schrieb er einen Abschiedsbrief und gibt

■ Friederike und Goethe

später in seiner Autobiographie zu: »Als ich ihr die Hand noch vom Pferde reichte, standen ihr die Tränen in den Augen«.[11]

Lenz kam im Frühjahr 1771 nach Straßburg, lernte dort Goethe kennen und fühlte sich ihm freundschaftlich verbunden. Aufgrund seiner vertraglichen Verpflichtungen mit den Brüdern Kleist wechselte er von Straßburg in das flussabwärts gelegene Fort Louis. Von dort besucht er am 3. Juni 1772 Sesenheim und »verliebt sich, sofort und heftig, in die ihm gleichaltrige Friederike Brion«[12]. Auch er widmet Friederike Gedichte, die von den *Sesenheimer Liedern* Goethes kaum zu unterscheiden sind. Ob er bei Friederike auf Gegenliebe stieß, ist nicht gewiss, doch ihm hat diese Beziehung viel bedeutet. Ende August 1772 verließ Lenz Fort Louis im Gefolge des Regiments der Brüder Kleist.

Friederike und Lenz

Der weitere Lebensweg der Friederike Brion ist nicht genau bekannt. Seit 1805 lebte sie bei ihrer älteren Schwester Salomea in Meisenheim bei Lahr. Sie starb am 3. April 1813 – in jenem Jahr, in dem der Teil von Goethes Autobiographie erschien, in der die Sesenheimer Zeit als Idylle geschildert wird.

Friederikes weiterer Lebensweg

11 Johann Wolfgang Goethe, *Gedenkausgabe der Werke, Briefe und Gespräche*, Bd. 10: *Aus meinem Leben. Dichtung und Wahrheit*, Zürich 1948, S. 547.

12 Sigrid Damm, *Vögel, die verkünden Land. Das Leben des Jakob Michael Reinhold Lenz*, Frankfurt a. M. / Leipzig 1992, S. 101.

Literarische Charakteristik

Friederike ist jenes »Frauenzimmer [...], dessen Schicksal« Lenz »so zentnerschwer auf dem Herzen liegt« (S. 21). Er erinnert sich: »es war so eine Glückseligkeit in ihr, und das strömte in mich über« (S. 21). Damals »war [ich] immer ruhig, wenn ich sie ansah, [...] und Gott! Gott – Ich war schon lange nicht mehr ruhig« (S. 21). Mehr als ein dunkles Bild, das sich nur »manchmal« (S. 22) noch erhellt, ist Lenz nicht geblieben.

■ Friederike in der Erinnerung von Lenz

Die ganze Beziehungsgeschichte fasst Lenz in zwei Kurzsätzen zusammen: »sie liebte mich – ich liebte sie« (S. 24). Dann berichtet er, dass sie »noch einen andern« (S. 25) liebte, dass dies seine, also Lenzens, »Eifersucht« (S. 24) auslöste, was er nachträglich verflucht. Bei diesen Andeutungen einer in mehrfacher Hinsicht tragischen Ereigniskette bleibt es.

■ Lenzens Ungewissheit

Lenz ist überzeugt, dass Friederike tot und er ihr »Mörder« (S. 25) ist. Auf das Angebot Oberlins, genauere Erkundungen einzuziehen, geht Lenz nicht ein.

■ Lenzens Schuldgefühle

Kaufmann

Kurzbiographie

Christoph Kaufmann wurde 1753 in Winterthur geboren. Er wird nicht nur zum Kreis der »Stürmer und Dränger« gezählt, sondern er wird letztlich als Namensgeber der Literaturepoche angesehen; auf seinen

■ Kaufmann in der Literaturgeschichte

Vorschlag hin gab der Autor Friedrich Maximilian Klinger seinem 1776 entstandenen Drama den Titel *Sturm und Drang* statt des ursprünglich vorgesehenen Titels *Der Wirrwarr.*

Kaufmann – »Genie« und Pietist

Kaufmann galt als der Prototyp eines Original- oder auch Universalgenies, war aufmerksamkeitsheischender Verfechter des Geniekults und führte als Wunderdoktor und Erziehungsapostel ein abenteuerliches Leben.

Er starb 1795 in Herrnhut, im Stammort der von Graf von Zinzendorf gegründeten, pietistisch ausgerichteten Brüdergemeine.

Literarische Charakteristik

Kaufmann als Gast

Kaufmann erscheint plötzlich und unangekündigt »mit seiner Braut« (S. 13) bei Pfarrer Oberlin im Steintal. Es wird vorausgesetzt, dass sich Kaufmann und Oberlin kennen; ausdrücklich erwähnt wird, dass Kaufmann Lenzens »Verhältnisse kannte« (S. 13). Kaufmann bleibt zwei Tage im Hause Oberlin und reist mit diesem dann in die Schweiz. Kein Wort des Abschieds fällt zwischen Lenz und Kaufmann.

Der Diskurs zwischen Lenz und Kaufmann

Breiten Raum nimmt der literaturtheoretische Diskurs zwischen Lenz und Kaufmann ein. In Kaufmann wird die »idealistische Periode« (S. 13) repräsentiert und von Lenz attackiert. Als Vertreter der idealistischen Periode werden Dichter angesehen, »welche die Wirklichkeit verklären wollten« (S. 13), und Künstler, die etwa in der antiken Statue des »Apoll von Belvedere« (S. 15) einen Höhepunkt künstlerischen Schaffens sehen. Lenz ist vom Gegenteil überzeugt. Die Unstimmigkeit wird – »bald lächelnd, bald ernst« (S. 16) – ausgetragen.

Die Differenz zwischen Kaufmann und Lenz

Eine weitere Differenz zwischen Kaufmann und Lenz entsteht dadurch, dass Kaufmann Briefe von Lenzens Vater überbringt und die Position des Vaters unterstützt. Da wird Lenz »heftig« und bleibt »verstimmt« (S. 17).

4. Form und literarische Technik

Aufsatz oder Novelle?

Georg Büchner hatte von dem Schriftsteller und Herausgeber des Literaturblatts *Phönix*, Karl Gutzkow, im Frühjahr 1835 das Angebot erhalten, er werde eine Arbeit an einen Verleger vermitteln und für ein Honorar sorgen. In einem Brief an Gutzkow stellt Büchner in Aussicht, auf der Grundlage des Materials, das er bei Straßburger Freunden kennengelernt hatte, eine »Novelle Lenz«[13] zu verfassen und zu liefern. Gutzkow unterstützt den Plan, ist an »Erinnerungen an Lenz«[14] interessiert und wäre auch einverstanden, »darüber einen Aufsatz in der *deutschen Revue* erscheinen zu lassen«.[15] Eine genauere Festlegung auf eine literarische oder nichtliterarische Art scheint nicht erfolgt zu sein. Die Forschung geht davon aus, dass es immer Büchners Absicht war, eine Novelle, also einen eindeutig literarischen Text, zu gestalten.

Das Fragment

Im Nachlass Büchners fand man dann das »Fragment«[16]. Es wurde auf Betreiben von Minna Jaeglé, Büchners Braut, und Karl Gutzkow 1839 gedruckt; es erschien in Karl Gutzkows Zeitschrift *Telegraph für*

13 Georg Büchner, *Sämtliche Werke und Schriften*, Historisch-kritische Ausgabe mit Quellendokumentation und Kommentar (Marburger Ausgabe), Bd. 5: *Lenz*, hrsg. von Burghard Dedner und Hubert Gersch, Darmstadt 2001, S. 140.
14 Büchner (s. Anm. 13), S. 141.
15 Büchner (s. Anm. 13), S. 141.
16 Büchner (s. Anm. 13), S. 161.

Deutschland unter dem Titel *Lenz. Eine Reliquie von Georg Büchner.*[17]

Wichtigste stoffliche Grundlage des als Fragment oder Reliquie überkommenen Textes war der Bericht Pfarrer Oberlins über den Aufenthalt des Schriftstellers Jakob Michael Reinhold Lenz im Winter 1778 in Waldbach. Dieser protokollartige Bericht liefert das Strukturmodell für das Prosafragment Georg Büchners. Genaue kalendarische Daten grenzen den Zeitraum des Berichtes wie auch des Fragments ein: vom 20. Januar bis zum 8. Februar. Für den aktuellen Bericht Oberlins ist eine Jahreszahl nicht notwendig, da er mit einem Sofort-Leser rechnet. Für den literarischen Text wäre eine Präzisierung eine unnötige Verengung. Bericht und Fragment sind chronologisch angelegt und reihen einzelne Ereignisse aneinander.

Der Auftakt

Der erste kurze Satz der Erzählung – »Den 20. ging Lenz durchs Gebirg« – ist eine erhebliche Herausforderung für den Leser des 21. Jahrhunderts. Selbst wenn er »den 20.« als Datumsangabe erkennt, ist er über den Zeitpunkt des Geschehens so lange nicht informiert, wie er nicht den Monat und das Jahr erschlossen hat. Mit dem Namen Lenz dürfte nur der etwas anfangen können, der sich intensiv mit der Epoche des »Sturm und Drangs« oder der Gattung des bürgerlichen Trauerspiels beschäftigt hat. Dass es sich bei dem »Gebirg«, das mit der Kurzform des bestimmten Artikels eingeführt wird, um die Vogesen handelt, muss nicht einmal

17 Büchner (s. Anm. 13), S. 166, 176.

dem geläufig sein, der sich in der Literaturgeschichte des 18. Jahrhunderts auskennt und weiß, dass das später erwähnte Straßburg in der Zeit zwischen 1770 und 1775 ein Zentrum der deutschen Literatur war.

Die inhaltliche Ergänzung zum ersten Satz

Gleichgültig, ob der Erzähler voraussetzt, der Leser verfüge über so viel Vorkenntnisse, dass er sich anhand der knappen Angaben informiert weiß, oder ob er das Interesse des neugierigen Lesers wecken will, fest steht, dass dieser erste Satz eine Eröffnung von besonderer Prägnanz ist. Erst aus dem Rückblick – nach abgeschlossener Lektüre – wird man erkennen, dass dieser Satz im Kern alles das enthält, was die Erzählung ausmacht: Der Leser wird erfahren, wie es diesem Jakob Michael Reinhold Lenz in den etwa 20 Tagen nach diesem 20. Januar in einem abgelegenen Gebirgstal erging. Nach diesen drei Wochen, über die erzählt wird, trifft er »in Straßburg ein« – und dann »lebte er hin« (S. 33).

Lenz als Hauptfigur

Lenz, dessen Vornamen der Leser der Erzählung an keiner Stelle erfährt, ist Titel- und Hauptfigur der Geschichte. Ein Erzähler, der sich völlig zurückhält, fügt eine Kette von Ereignissen und Begebenheiten zu einer Handlungsfolge, die weitgehend chronologisch geordnet ist.

Die Chronologie der Ereignisse

Der Anfangspunkt wird, wie bereits gesagt, mit dem »20.« gesetzt. Am Abend dieses Tages wird Lenz im Pfarrhaus von Waldbach aufgenommen. »Den andern Tag« (S. 7) begleitet er Pfarrer Oberlin bei dessen Hausbesuchen; am »Sonntagmorgen« (S. 10) predigt er an Stelle des Pfarrers. Es folgt eine Reihe relativer

Zeitangaben wie »am folgenden Morgen« (S. 11), »ein andermal« (S. 12), »um diese Zeit« (S. 13), »am folgenden Tag« (S. 17) usw., ehe dann ein Ereignis auf den »dritten Hornung« (S. 22) datiert wird. Durch diese Angabe, die auf den Monat Februar verweist, kann rückgeschlossen werden, dass es Januar war, als Lenz nach Waldbach kam. Mit dem »dritten Hornung« beginnt dann eine Ereigniskette, die »am vierten« (S. 22), dem Tag, an dem Lenz das Kind in Fouday wiederauferwecken will, ihren Höhepunkt hat und die »am folgenden Tag«, als Lenz realisiert, dass er »am Abgrund« (S. 24) steht, schließt. Wieder folgen relative Zeitangaben wie »einige Tage darauf« (S. 24), »den Nachmittag«, »um Mitternacht« (S. 25), »am folgenden Morgen« (S. 26) usw., ehe mit der genannten Datumsangabe »den 8. morgens« (S. 32) der genaue Zeitpunkt angegeben wird, der eine weitere Phase in der Lebensgeschichte von Lenz und die Schlussphase der Erzählung einleitet. An diesem Tag entscheidet sich Oberlin, Lenz abzuschieben. Wohl am Tag darauf wird Lenz abgeholt und nach Straßburg gebracht. Zwei Gedankenstriche stehen für eine quantitativ und qualitativ unbestimmte oder unbestimmbare Zeitfolge. Die gesamte weitere Lebensgeschichte des kranken und abgeschobenen Lenz wird in dem Satz zusammengefasst: »– – So lebte er hin« (S. 33).

Die erzählte Phase aus Lenzens Lebensweg

In diesem Zeitrahmen vom 20. Januar bis zum 8. Februar wird eine Phase aus der Lebensgeschichte des Dichters Jakob Michael Reinhold Lenz vermittelt, die historisch belegt und quellenmäßig gesichert ist.

Doch der Autor Georg Büchner verfasst keine historische, auch keine literaturgeschichtliche Darstellung, sondern einen literarischen Text. Das ist zunächst daran zu erkennen, dass er aus Lenz' gesamtem Lebensweg, der sich von 1752 bis 1792 erstreckte, lediglich einige Tage aus dem Jahr 1778 zum Gegenstand seiner Erzählung macht, dass er auch diese kurze Zeitspanne in Phasen unterteilt und aus diesen Phasen ausgewählte Ereignisse erzählt.

■ Die herausgehobenen Ereignisse

Dass Lenz, nachdem er in Oberlins Familie gut aufgenommen wurde und das Vertrauen des Pfarrers erworben hatte, am »Sonntagmorgen« (S. 10) den Gottesdienst abhalten kann, wird vom Erzähler als ein erstes wichtiges Ereignis herausgehoben. Die dann mit dem »dritten Hornung« beginnende Ereignisfolge, in der Lenz mit dem Versuch scheitert, »das Kind in Fouday« (S. 22) von den Toten zu erwecken, korrespondiert mit dem Gottesdienstsonntag und darf als zweites wichtiges Ereignis angesehen werden. Vorbereitet ist diese Episode durch den Aufenthalt in jener »Hütte« (S. 18), in der ein geheimnisvoller Mann, der »im Rufe eines Heiligen« (S. 20) steht, ein krankes Mädchen zu beruhigen sucht.

■ Naturbilder

Wenn Oberlin und Lenz in den ersten Tagen gemeinsam ausreiten, sind sie »bald in Gespräch, bald tätig am Geschäft, bald in die Natur versunken« (S. 7). Natur ist für Oberlin wie auch für Lenz mehr als Wohnort und Existenzgrundlage. Lenz wünscht sich, »für Gesteine, Metalle, Wasser und Pflanzen eine Seele zu haben« (S. 12). Wenn der Erzähler mitteilt, wie

Lenz die Natur wahrnimmt, so schildert er weniger die Natur und mehr den Seelenzustand des Wahrnehmenden. Die breit angelegten Naturbilder sind nicht Füllmaterial des Erzählers, sondern Spiegelungen innerer Erlebnisse und Erfahrungen.

Oberlins und Büchners Intentionen

Oberlins Ziel mag gewesen sein, sachlich richtig darzustellen, was sich im genannten Zeitraum ereignet hat. Dem Dichter Büchner mag daran gelegen haben, Verständnis für einen in einer Krise befindlichen Menschen zu entwickeln. Er lässt, wo es eben möglich ist, diesen Menschen in erlebter Rede für sich selbst sprechen. Er selbst setzt dann Zeichen, die auf den inneren Zustand der Figur verweisen. Auch er will, wie er in dem Kunstgespräch Lenz sagen lässt, »Wirklichkeit« (S. 13) als »Möglichkeit des Daseins« (S. 13). Diese Forderung an den Dichter ist aber eine andere als die Forderung an einen Protokollanten.

5. Quellen und Kontexte

Das Manuskript Oberlins

Hauptquelle zu Büchners Prosatext *Lenz* ist der Bericht von Pfarrer Oberlin über den Aufenthalt des Schriftstellers Jakob Michael Reinhold Lenz vom 20. Januar bis zum 8. Februar 1778 im Pfarrhaus zu Waldbach. Oberlin verfasste den Bericht »nach dem 9. Februar, dem Tag nach Lenz' Abtransport nach Straßburg, und einige Zeit vor dem 30. März 1778«.[18] Er richtete sich mit diesem Schreiben an einen Kreis von Straßburger Freunden und Gönnern – vielleicht, um einer möglichen Kritik zuvorzukommen. Ein »stark fehlerbehaftetes Manuskript nach dem Diktat Oberlins«[19] mit der Überschrift »Herr L.« ist erhalten. Es wurde im Nachlass Oberlins gefunden, blieb aber lange unbeachtet, unter anderem deswegen, weil Goethes Autobiographie zwischenzeitlich erschienen war.

Nachdem es eine Zeitlang so ausgesehen hatte, als sei der Dichter Lenz vergessen, interessierten sich ab 1820 mehrere Straßburger Bürger für ihren einstigen Mitbürger. In der Zeit zwischen 1826 und 1828 wurden mehrere Abschriften von Oberlins Bericht hergestellt, die sich – wie bei Abschriften verständlich – in Kleinigkeiten unterschieden.

Eine dieser Abschriften wurde von Ehrenfried Stoeber, einem Straßburger Bürger, getätigt. Dessen Sohn August Stoeber veröffentlichte auf der Grund-

18 Büchner (s. Anm. 13), S. 220.
19 Büchner (s. Anm. 13), S. 221.

lage dieser Abschrift 1831 eine Abhandlung *Der Dichter Lenz* im *Morgenblatt für gebildete Stände* bei Cotta in Stuttgart. Als Georg Büchner 1831 zum Studium nach Straßburg kam, lernte er August Stoeber kennen und erhielt Einsicht in die Abschrift von Oberlins Bericht und weitere Materialien, die zum Leben und Werk des Autors Lenz gesammelt worden waren. Er begann, Interesse für diesen Dichterkollegen zu entwickeln.

Büchners Plan

Der Plan, auf der Grundlage dieser Materialien ein eigenes Werk zu schaffen, entstand bei Büchner aber erst, als er 1835, jetzt als steckbrieflich gesuchter Exilant, in Straßburg eine neue Aufgabe und eine neue Erwerbsquelle suchte, nachdem er das Revolutionsdrama *Dantons Tod* abgeschlossen hatte. Ende April 1835 erhielt er dann von August Stoeber alles, was dieser an Materialien über Lenz hatte, also die Abschrift von Oberlins Bericht, Briefe von und an Lenz und Abhandlungen über Lenz.

Eine weitere Stoffquelle stand Büchner in Goethes Autobiographie *Dichtung und Wahrheit* zur Verfügung. Aus dem Rückblick hatte Goethe im 10. und 11. Buch von *Dichtung und Wahrheit* von Straßburg, von der Tischgesellschaft, von Wanderungen, von jenem Aufenthalt in Sesenheim, von Friederike Brion und eben auch von Jakob Michael Reinhold Lenz berichtet. Da Goethes Autobiographie, die 1812 und 1814 erschienen war, im Jahr 1775 abbricht, enthält sie keinerlei Informationen über das Zusammentreffen der einstigen Freunde in Weimar 1776 und auch nicht über die Ausweisung des Hilfesuchenden aus der Residenzstadt.

Sachtext und literarischer Text

Der von Pfarrer Oberlin verfasste, offenkundig adressatenbezogene, protokollartige Bericht konnte bei einem ursprünglichen Ansprechpartner grundlegendes Wissen voraussetzen, über das der spätere Leser des literarischen Textes nicht oder nur in Ansätzen verfügt. Deshalb schien es notwendig, den literarischen Charakterisierungen der Figuren – nämlich Oberlin, Lenz, Kaufmann und Friederike Brion – Kurzbiographien voranzustellen, aus denen die historisch belegten Lebensläufe ersichtlich sind (siehe Kap. 3). Sie sind Quelle und Stoff, nicht mehr, aber auch nicht weniger.

Darüber hinaus dürfte es für das Verständnis des literarischen Textes nützlich sein, wenn man sich ansatzweise die Situationen vergegenwärtigt, in denen der Dichter Lenz einerseits in Straßburg 1771 auf eine Gruppe junger Schriftsteller stieß und wie er andererseits – fünf Jahre später – 1776 in Weimar Fuß zu fassen suchte, ehe er 1778 im Pfarrhaus in Waldbach Unterkunft fand.

6. Interpretationsansätze

Lenz – ein Fragment

In einem Brief vom Oktober 1835 schreibt Büchner aus Straßburg an seine Eltern:

Der Ausgangspunkt

> »Ich habe mir hier allerhand interessante Notizen über einen Freund Goethes, einen unglücklichen Poeten namens Lenz verschafft, der sich gleichzeitig mit Goethe hier aufhielt und halb verrückt wurde. Ich denke darüber einen Aufsatz in der Deutschen Revue erscheinen zu lassen.«[20]

Materialien

Zu diesem Zeitpunkt hat Büchner offensichtlich die Absicht, die Geschichte des »unglücklichen Poeten« Lenz mit der Erfolgsgeschichte des Dichterfürsten Goethe zu vergleichen. Beide hatten sich in jungen Jahren in Straßburg kennengelernt. Für sein Projekt hat er »Notizen« zusammengetragen, genauer Materialien: also Briefe und literarische Texte von Lenz, Berichte über Goethes und Lenzens Aufenthalt in Straßburg, biographische Mitteilungen über Oberlin, vor allem aber Johann Friedrich Oberlins Bericht *Herr L...* Unklar ist zu diesem Zeitpunkt, in welche Form Büchner seine Ansichten und Erkenntnisse bringen will.

20 Büchner (s. Anm. 2), S. 446.

Der geplante Aufsatz

Mit »Aufsatz« kann ein wissenschaftlicher oder journalistischer Text gemeint sein, dessen Hauptziel wäre, Informationen über einen in der öffentlichen Diskussion als »halbverrückt« geltenden Autor zu geben und damit einen literaturgeschichtlichen oder auch medizinischen Beitrag zum besseren Verständnis der Lebens- und Leidensgeschichte zu leisten. Mit dem Stichwort Aufsatz könnte jedoch auch ein nicht allzu umfangreicher literarischer Text in erzählter Prosa angekündigt sein.

Die Produktionsphase

Ab September 1835 hat dann Büchner »an *Lenz* gearbeitet und von da an vermutlich bis um Ende November, als er von den ersten Maßnahmen gegen die Jungdeutschen erfahren haben muß«[21]. In diesem Zeitraum sind, wie die Forschung ermittelt hat, mehrere Entwürfe entstanden, die Büchner nicht weiterverfolgte, als sich die »gegen Gutzkow seit September [...] breit angelegte Presse- und Justizkampagne« steigerte und ein »Verbot der Publikation und Verbreitung seiner und der übrigen Schriften oppositioneller Literaten«[22] bevorstand. Dieses Verbot wurde in der Tat am 10. Dezember 1835 durch die Versammlung des Deutschen Bundes ausgesprochen.

Manuskripte aus dem Nachlass

Dass Büchner sein Lenz-Projekt trotzdem weiterverfolgen wollte, ist daran zu erkennen, dass er seine Lenz-Manuskripte mit nach Zürich nahm, wo sie nach dem plötzlichen Tod des Autors aufgefunden

21 Büchner (s. Anm. 13), S. 142 f.
22 Büchner (s. Anm. 13), S. 143.

wurden. Büchners Braut Wilhelmine Jaeglé nahm dann den Nachlass an sich. In einem Bericht heißt es:

> »Unter seinen hinterlassenen Schriften [...] findet sich [...] ein beinahe vollendetes Drama, sowie das Fragment einer Novelle, welche die letzten Lebenstage des so bedeutenden als unglücklichen Dichters Lenz zum Gegenstande hat.«[23]

Abgesehen von der Tatsache, dass Büchners Text, anders als Minna Jaeglé meint, nichts »über die letzten Lebenstage« von Lenz enthält, ist die Charakterisierung des vorgefundenen Manuskripts als »Fragment einer Novelle« bedenkenswert. Zweifellos ist Büchners Text als »unvollendet geblieben« anzusehen. Daher ist die Charakterisierung als Fragment zutreffend. Eine Weiterarbeit scheint durchaus geplant gewesen zu sein, schließlich hatte der Autor in Aussicht gestellt, eine Novelle zu liefern. Dagegen fällt es sehr schwer, in dem vorgefundenen Manuskript typische Formen novellistischen Erzählens zu entdecken. Wer heutzutage eine der vielen Ausgaben von Büchners *Lenz* in die Hand nimmt, wird allerdings auch keinen Hinweis darauf entdecken, dass es sich bei dem Exemplar um ein Fragment handelt. Er sieht keine Lücken und keine Brüche. Erst wenn er die Entstehungsgeschichte des Werks erfährt, dürfte er aufmerksam werden.

»Fragment einer Novelle«

23 Büchner (s. Anm. 13), S. 168.

Büchner hatte 1835 das Manuskript unfertig mit nach Zürich genommen. Nach seinem Tod hat seine Braut Minna Jaeglé das weiterhin unfertige Manuskript und die übrigen Materialien an sich genommen, hat von dem Manuskript eine Abschrift gemacht und diese dem Journalisten Karl Gutzkow übergeben. Diese Abschrift wurde Grundlage von der 1839 durch Gutzkow veranlassten Veröffentlichung »Lenz. Eine Reliquie von Georg Büchner«. Weder das unfertige Manuskript noch die erste Abschrift sind erhalten. Ausgangspunkt aller weiteren Drucke ist Gutzkows »Reliquie«.

Über den Zustand des zur Weiter- oder Überarbeitung nach Zürich mitgenommenen Manuskripts gibt es nur Vermutungen. Sicher ist, dass es sich nicht um eine durchgehend verfasste Vorlage – etwa in Heftform – gehandelt hat. Minna Jaeglé schickte nämlich schubweise die »Bruchstücke«[24] von Lenz an den Herausgeber Gutzkow. Dieser bedauerte brieflich, dass die »Novelle Fragment geblieben«[25] war, setzte die Bruchstücke zusammen und veröffentlichte sie als »Reliquie«.

Das Fragmentarische

Was fehlt an dem jetzt vorliegenden Text daran, dass er als ein im üblichen Sinne Ganzes eingeschätzt werden könnte? Es ist nicht üblich, aber methodisch durchaus sinnvoll, solche Fragen zu stellen. Dabei geht es nicht darum, den gegebenen Text zu verbessern, sondern ihn besser zu verstehen. Zu Rückfragen

24 Büchner (s. Anm. 13), S. 169.
25 Büchner (s. Anm. 13), S. 169.

veranlasst schon der erste Satz des Fragments: »Den 20. ging Lenz durchs Gebirg« (S. 3). Recherchen sind notwendig, die Genaueres zur Person »Lenz«, zur Zeit »den 20.« und zum Ort »das Gebirg« sagen. Ob die Leerstellen bei einer Überarbeitung ausgefüllt worden wären, ist fraglich. Eine probeweise Erweiterung zu einer ausführlichen traditionellen Einleitung könnte Grundlage einer Diskussion sein.

Büchners Text endet mit dem Satz: »So lebte er hin« (S. 33). Das »So« zwingt zum Rückblick auf die erzählten Stationen der Krankheits- und Leidensgeschichte. In die Zukunft weist das Prädikat »lebte hin«. Ein offener Schluss. Eine An- oder Vordeutung wäre möglich. Der Leidensweg des Dichters Jakob Michael Reinhold Lenz führte über Livland, Petersburg bis nach Moskau, wo er im Mai 1792 tot auf der Straße gefunden wurde. Eine Vordeutung wäre sicher möglich gewesen.

Das Novellistische

Eine von Georg Büchners Bruder 1850 im Frankfurter Verlag J. D. Sauerländer herausgegebene Ausgabe des Fragments trägt den Titel »*Lenz. Ein Novellenfragment*«.[26] Damit wird noch einmal auf den ursprünglichen Plan Büchners Bezug genommen, die Materialien zu einer Novelle zu verarbeiten.

Im Vergleich mit anderen deutschsprachigen Novellen des 18. und 19. Jahrhunderts fehlen Büchners Text allerdings einige Merkmale, die ihn eindeutig als Novelle ausweisen würden. So fehlt »eine klar umris-

26 Büchner (s. Anm. 13), S. 166.

sene unerhörte Begebenheit« und auch der »aus gegensätzlichen Kräften entspringende Konflikt«.[27] Im Umfang unterscheidet sich Büchners Text dagegen nicht von den mustergültigen Novellen C. F. Meyers, Gottfried Kellers und Theodor Storms. Späteren Interpreten genügte die »profilierte und konzentrierte Erzählweise«, die ein »typisches Merkmal eines novellistischen Stils«[28] ist, um Büchners hinterlassenen Text als Novellenfragment und als herausragendes Kunstwerk anzuerkennen.

Zu diskutieren ist, ob die Tatsache, dass das Werk als Fragment überliefert ist, als Makel anzusehen ist. Dafür könnte der Zustand sprechen, in dem das Fragment aufgefunden wurde. Karl Gutzkow urteilte anders. Mit dem Untertitel »Reliquie« drückt der Herausgeber nicht nur seine Verehrung gegenüber Text und Autor aus, sondern er gibt auch zu verstehen, dass er an den ihm übergebenen Bruchstücken nichts verändert hat, dass der gedruckte Text als unmittelbarer Ausdruck der Lebenslage des Autors und der Weltlage, die ihm zu schaffen machte, gelten soll, das Fragment in diesem Falle also die einzig angemessene Kunstform ist. Das *Lenz*-Fragment gewinnt seine Wirkung also nicht aus der vorgeblichen, sondern aus der durch die politischen Gegebenheiten und das persönliche Schicksal erzwungenen Unfertigkeit. Frag-

■ »Eine Reliquie von Georg Büchner«

27 Benno von Wiese, *Georg Büchner. »Lenz«*, in: B. v. W., *Die deutsche Novelle von Goethe bis Kafka. Interpretationen II*, Düsseldorf 1962, S. 105.

28 Wiese (s. Anm. 27), S. 105.

ment ist in diesem Falle nicht kalkulierte, sondern natürliche Kunstform, Spiegelung eines Prozesses, in dem ein bedrängter Autor unter ungünstigen Umständen versucht, sich in die Situation eines unglücklichen Autors zu versetzen, über ihn zu schreiben und in diesem Prozess abrupt unterbrochen wird.

Wichtiger Beitrag zur Literaturgeschichte

Von Anfang an war für Gutzkow das Projekt *Lenz* wegen »der darin dargestellten Beziehungen zwischen dem Sturm-und-Drang-Autor und Oberlin ein ›außerordentlich wichtiger Beitrag zur Literaturgeschichte‹«[29]. Er setzte anfangs den Informationswert höher an als den ästhetischen. Nicht nur bei ihm war das stoffliche Interesse an der Person des »unglücklichen Poeten«, also an seinen Beziehungen zu Goethe, zu Friederike Brion, zu Oberlin, zu Kaufmann und an seiner Krankheit größer als an einer wie auch immer angelegten literarischen Gestaltung. In welcher Form die »Thatsachen«, die in Büchners Materialien dokumentiert sind, »aufgezeichnet« werden sollten, ist für Gutzkow zunächst zweitrangig. Im Nachwort zur ersten Veröffentlichung heißt es dann jedoch:

> »In Betreff Georg Büchners aber wird man einräumen, dass diese Probe seines Genies aufs Neue bestätigt, was wir mit seinem Tod an ihm verloren haben. Welche Naturschilderungen, welche Seelenmalerei! Wie weiß der Dichter die feinsten Nervenzustände eines, im Poetischen wenigstens, ihm

29 Büchner (s. Anm. 13), S. 129.

> verwandten Gemüts zu belauschen! Da ist Alles mitempfunden, aller Seelenschmerz mitdurchdrungen; wir müssen erstaunen über eine solche Anatomie der Lebens- und Gemütsstörung. G. Büchner offenbart in dieser Reliquie eine reproduktive Phantasie, wie uns eine solche selbst bei Jean Paul nicht so rein, durchsichtig und wahr entgegentritt.«[30]

Büchners *Lenz* als »Fragment« im Rang einer »Reliquie« aufzunehmen und als »Probe seines Genies« zu verstehen, scheint der angemessene Weg, um dem Autor gerecht zu werden.

Kaufmann und Lenz – ein Diskurs über Kunst und Literatur

■ Das Zusammentreffen von Lenz und Kaufmann

Kaufmann, eine zentrale Dichterpersönlichkeit der »Sturm-und-Drang«-Periode, steht mit geistigen Größen der Zeit – so Lavater (S. 17) und Pfeffel (S. 24) – in Kontakt. Kaufmann dürfte es gewesen sein, der durch Lavater »Grüße« an Oberlin übermitteln lässt und als dessen »Freund« (S. 5) sich Lenz bei Oberlin vorstellt. Ganz selbstverständlich werden Lenz wie auch Kaufmann im Pfarrhaus in Waldbach aufgenommen. Lenz ist »anfangs das Zusammentreffen unangenehm« (S. 13), weil er befürchtet, dass Kaufmann Oberlin über Gegebenheiten seiner Ver-

30 Büchner (s. Anm. 13), S. 181.

gangenheit informieren wird, die Lenz als belastend empfindet, die Lenz verbergen möchte, deren Ursachen er erkannt zu haben glaubt und deren erneutes Aufbrechen er vermeiden möchte. Dagegen ist er durchaus bereit, bei Tisch über »Literatur« zu sprechen; denn da ist er »auf seinem Gebiet« (S. 13).

Der Diskurs

Das Gespräch wird zum Diskurs, da Kaufmann und Lenz entgegengesetzte Positionen einnehmen und unterschiedliche Thesen mit Beispielen und Argumenten durchzusetzen versuchen. Von den übrigen am Tisch versammelten Personen und von der Mahlzeit selbst erfährt der Leser nichts. Die übergreifenden Themenfragen des Tischgesprächs lauten: Was ist und was will Kunst? Was kann und soll der Künstler?

Die idealistische Position

Kaufmann tritt für eine idealistische Position ein und bemüht sich, diese Konzeption zu rechtfertigen. Unter Idealismus versteht man ganz allgemein:

> »das Streben nach Verwirklichung von Idealen, das Ausgerichtetsein an Idealen, Beherrschtsein von Idealen, auch die Neigung, die Wirklichkeit nicht zu betrachten, wie sie nach Meinung der Realisten ist, sondern wie sie sein sollte.«[31]

»Idealistische Gestalten« (S. 14), die Kaufmanns Vorstellungen entsprechen, sind etwa die antike Götterstatue des »Apoll von Belvedere« oder »eine Raffaeli-

31 Johannes Hoffmeister, *Wörterbuch der philosophischen Begriffe*, Hamburg 1955, S. 316.

sche Madonna« (S. 15), von denen die Sixtinische Madonna die bekannteste sein dürfte.

Bezug zu Goethes schriftstellerischer Laufbahn

»Die idealistische Periode«, der sich Kaufmann zuordnet, »fing damals an« (S. 13), wird der Leser informiert. Damit wird auf eine Epocheneinteilung Bezug genommen, die einzelne Phasen im literarischen Schaffen Goethes zusammenzufassen und abzugrenzen sucht. Man unterteilte zur Zeit Büchners Goethes »gesammte schriftstellerische Laufbahn […] in drei Perioden: die sentimentale Kraftperiode, die ideale und die elegante«[32]. Zur ersten, der »Kraftperiode«, die in späteren Literaturgeschichten »Sturm-und-Drang-Zeit« genannt wird, gehören unter anderem Goethes Drama *Götz von Berlichingen mit der eisernen Hand* (1773) und der Briefroman *Die Leiden des jungen Werthers* (1774); zur idealischen zählt man die Dramen *Iphigenie auf Tauris* (1787) und *Torquato Tasso* (1790), zur eleganten die Romane *Die Wahlverwandtschaften* (1809) und *Wilhelm Meisters Wanderjahre* (1821).

Bezug zur Wirklichkeit als Kriterium

Lenz stellt sich also einer Konzeption entgegen, die im fernen Weimar vertreten wird, deren Ausprägungen und Wirkungen nicht er, sondern nur der Autor Büchner rückblickend erfassen kann. In die Argumentation von Lenz fließen folglich Überlegungen des Literaten Büchner ein. Dieser lässt Lenz den von Kaufmann favorisierten Kunstwerken solche entgegensetzen, die seiner Kunstauffassung eher entsprechen:

32 Büchner (s. Anm. 13), S. 419.

»Die holländischen Maler sind mir lieber, als die italienischen« (S. 15). Sie sind der Wirklichkeit näher als Raffaels Madonnen. Lenz schätzt auch die »Bilder der altdeutschen Schule« (S. 14), obwohl sie nur in Ansätzen das ausdrücken, was der unmittelbaren Wirklichkeit zu entnehmen wäre. Abwegig sei es, »die Wirklichkeit verklären« zu wollen; ungeheuer schwierig sei es, »die Wirklichkeit« zu »geben«, wie sie ist (S. 13).

■ »Ich verlange in allem Leben«

Lenz begründet seine Position mit der Aussage: »Der liebe Gott hat die Welt wohl gemacht wie sie sein soll« (S. 13). Folglich wäre es frevelhaft, sie verklären zu wollen. Höchstes Ziel könnte sein, was nur einem Genie zu erreichen möglich sei, nämlich: »ihm ein wenig nachzuschaffen« (S. 13). Mit dieser Konzeption, den Dichter als einen zweiten Schöpfer von Wirklichkeit anzusehen, wiederholt Lenz Ansprüche der Kraftperiode. Angemessenes Kriterium, Kunstwerke und Dichtungen zu beurteilen, ist danach nicht, ob sie »schön« oder »hässlich« sind, sondern ob sie »Leben« haben: »Ich verlange in allem Leben, Möglichkeit des Daseins, und dann ist's gut.« (S. 13)

■ Werke des Dichters Lenz

Er selbst habe im *Hofmeister* und in den *Soldaten* versucht, »der menschlichen Natur« nahezukommen (S. 14). Damit spielt er auf seine zwischen 1772 und 1775 entstandenen Dramen an, deren vollständige Titel lauten *Der Hofmeister oder Vorteile der Privaterziehung* und *Die Soldaten*, die bei ihrem Erscheinen aufgrund der unbarmherzigen Darstellung der Szenen auffielen. Die Hauptpersonen in diesen Stücken seien »die prosaischsten Menschen unter der Sonne«, erklärt Lenz, aber gerade am »Leben des Geringsten« (S. 14) lasse sich zeigen, was die menschliche Natur ausmache. Deshalb die Forderung: Man versuche, was er in seinen Dramen versucht habe, und »senke sich in das Leben des Geringsten und gebe es wieder, in den Zuckungen, den Andeutungen, dem ganzen feinen, kaum bemerkten Mienenspiel« (S. 14). Dann, so darf man folgern, kann es gelingen, »Leben, Möglichkeit des Daseins« zu gestalten und »Gott [...] ein wenig nachzuschaffen« (S. 13).

■ Forderungen an den Dichter

Hohe Anforderungen werden an den Künstler gestellt, der diesen Erwartungen entsprechen will, nämlich:

> »Man muss die Menschheit lieben, um in das eigentümliche Wesen jedes einzudringen, es darf einem keiner zu gering, keiner zu hässlich sein, erst dann kann man sie verstehen« (S. 15).

Diese Haltung ist eine erste Voraussetzung; eine zweite Voraussetzung bezieht sich auf die notwendigen Fähigkeiten: Um die Menschen zu verstehen, muss man »Aug und Ohren [...] haben« (S. 14).

Verstehen geht jedoch über den Vorgang des einfachen Hörens und Sehens hinaus. Gestik, Mimik und der Wortklang einzelner Sätze sind nur Zeichen für etwas, das unter der Oberfläche verborgen ist. Ziel muss sein, unter die Oberfläche, unter die Haut des Menschen zu blicken. Das ist grundsätzlich möglich, denn:

»die Gefühlsader ist in fast allen Menschen gleich, nur ist die Hülle mehr oder weniger dicht, durch die sie brechen muss« (S. 14).

Erwartungen der Rezipienten

Als Betrachter eines Bildes, als Zuschauer im Theater, als Leser eines Romans oder einer Novelle erwartet der argumentierende Lenz, »dass ich über seinem Gebild« – das heißt: des Malers, des Dichters, des Autors Werk – »fühle« (S. 15). Mit diesem Wort »fühlen« dürften die unterschiedlichsten Empfindungen gemeint sein, die von Mitfreude bis Mitleid, von Erhabenheit bis Trauer, von Verstehen bis Abscheu reichen. Voraussetzung dafür ist, dass der Künstler durch die Hülle des Menschen bis zur »Gefühlsader« (S. 14) vorgestoßen, dass er »in das eigentümliche Wesen« (S. 15) eingedrungen ist. Die gesamte Konzeption lässt sich letztlich in einem Satz zusammenfassen:

»Der Dichter und Bildende ist mir der Liebste, der mir die Natur am wirklichsten gibt, so dass ich über seinem Gebild fühle« (S. 15).

Damit ist erklärt, was Lenz als wahre Kunst ansieht, was er als Betrachter und Leser erwartet, welche Anforderungen er an den Künstler stellt und welchen Weg der einzuschlagen hat, der an das angestrebte Ziel gelangen will.

Das Konzept ist der idealistischen Position Kaufmanns direkt entgegengesetzt. Mit dieser Kunst-

»Ästhetischer Realismus«

theorie wird dem sogenannten »ästhetischen Idealismus« ein Konzept entgegengestellt, welches »man den ästhetischen Realismus nennen kann«[33]. Eindeutiger Verfechter ist Georg Büchner, der Autor des *Lenz*. Den Leitlinien einer realistischen Literaturtheorie werden später unter anderen Theodor Fontane, Theodor Storm, Gottfried Keller und C. F. Meyer folgen. Noch konsequenter halten sich dann die Naturalisten, von denen nur Gerhart Hauptmann genannt sei, an das Programm wirklichkeitsgetreuer, streng objektivierender Darstellungsweise.

Der Erzähler der Lenz-Geschichte

Unmittelbare Konsequenzen haben die kunsttheoretischen Erörterungen für den Erzähler der Lenz-Geschichte selbst. Vom Autor Georg Büchner oder von dem in den Text integrierten Erzähler wird erwartet, dass er »in das eigentümliche Wesen« (S. 15) jenes »unglücklichen Poeten namens Lenz«[34] einzudringen vermag, von dem Büchner im Brief an seine Eltern schrieb. Er müsste sich, wie sich Lenz als Autor in die Figuren seiner Dramen versetzte, nun in das Leben dieses Lenz versenken, es wiedergeben »in den Zuckungen, den Andeutungen, dem ganzen feinen, kaum bemerkten Mienenspiel« (S. 14). Dann – so die Theorie – wird er auf die »Gefühlsader« (S. 14) jenes Menschen treffen und ein solches »Gebild« schaffen können, das der Leser »fühle« (S. 15).

33 Büchner (s. Anm. 13), S. 423.
34 Büchner (s. Anm. 2), S. 446.

Oberlin, Lenz und die christliche Religion

Oberlin, Hausvater »in Waldbach im Pfarrhause« (S. 5) und fürsorglicher Seelsorger mehrerer Gemeinden im Steintal, lebt seinen pietistisch geprägten Glauben vorbildlich. Zwar lässt er sich gern einmal als Prediger durch Lenz vertreten; nichts deutet jedoch darauf hin, dass ihn die übernommenen Pflichten und Aufgaben erdrücken könnten. Er besucht die verschiedenen Gemeinden im Steintal: »er wies zurecht, gab Rat, tröstete« (S. 7). Über das seelsorgliche Engagement hinaus kümmert er sich um das »praktische Leben« (S. 7). Die auf seine Veranlassung hin angelegten Wege und Kanäle dienen dem wirtschaftlichen Aufschwung. Eine gezielte Bewässerung des Bodens erhöht die Ertragslage der Felder, der Wegebau verbessert die Handelsmöglichkeiten. Dass Oberlin Erziehung und Bildung wichtig sind, ist aus der Tatsache abzuleiten, dass er »die Schule besucht« (S. 7), um zu inspizieren, zu kontrollieren, zu fördern.

■ Oberlin als Seelsorger und Wohltäter

Oberlin lebt in dem festen Glauben, dass »Jesus gestorben« (S. 24) ist, um die Menschen zu erlösen und ihre »Sünden [zu] tilgen« (S. 25). Davon möchte er auch Lenz überzeugen. Daneben sind ihm die Gebote wichtig. Er erinnert Lenz an das vierte der zehn Gebote: »Ehre Vater und Mutter« (S. 24). In Lenz sieht er »eine Schickung Gottes, der den Unglücklichen ihm zugesandt hätte, er liebte ihn herzlich« (S. 13). Oberlins Denken und Handeln besticht durch seine Hilfsbereitschaft, seine Nächstenliebe und Bescheidenheit,

■ Oberlin als Christ

seine selbstverständliche Frömmigkeit, sein Grundvertrauen in den Schöpfer der Welt und in den Erlöser der Menschen. So ist er oberste Autorität bei den Leuten im Steintal und größte, vielleicht auch letzte Hoffnung für Lenz, der Oberlin bei dem ersten gemeinsamen Ausritt »oft in die Augen sehen« (S. 7) musste, weil »die mächtige Ruhe [...] in diesem ruhigen Auge, diesem ehrwürdigen ernsten Gesicht« (S. 7 f.) konzentriert schien, die er sucht.

Lenz – der Ruhesuchende

Lenz sucht »nach etwas, wie nach verlornen Träumen« (S. 3). Vor allem sucht er Ruhe. Waldbach – »alles ruhige, stille Gesichter« (S. 5) – und das Pfarrhaus mit Familie Oberlin scheinen beste Voraussetzungen zu bieten. Kaum angekommen, »wurde er ruhig [...]; er war gleich zu Haus [...]; es war ihm als träten alte Gestalten, vergessene Gesichter wieder aus dem Dunkeln, alte Lieder wachten auf, er war weg, weit weg« (S. 5 f.). Er hat gefunden – so scheint es –, was er verloren hatte.

Er »las die Bibel, alte vergangne Hoffnungen gingen in ihm auf« (S. 8). »Jetzt erst«, so glaubt er, »ging ihm die Heilige Schrift auf« (S. 9). Da er annehmen darf, dies »Sein in Gott« wiedergefunden zu haben, äußert er den Wunsch, »wohl einmal predigen« (S. 9) zu dürfen. Mit der Verkündigung des Gottesworts scheint er sich und der Gemeinde zeigen zu wollen, dass der »Glaube, dieser ewige Himmel im Leben« (S. 9) sein und der Menschen Leben bestimmen könne.

Er predigt überzeugt und überzeugend. Die Gläubigen leiden mit ihm, er leidet mit den Gläubigen. Es befriedigt ihn, wenn er einigen »gequälten Herzen Ruhe bringen« kann; ihn selbst beschleicht »ein süßes Gefühl unendlichen Wohls« (S. 10). Später, zurückgezogen »auf sein einsames Zimmer« (S. 11), gerät er in eine Art Ekstase. Schmerz, Wollust und tiefes Mitleid überkommen ihn. Er steigert sich in den Wahn, dass »göttliche, zuckende Lippen« sich über ihn beugten und »sich an seine Lippen« saugen (S. 11). Für einige Tage hält »ein unendliches Wonnegefühl« an; er ist berauscht von dem Gedanken, »jedes Wesen in der Natur in sich aufzunehmen« (S. 12). Längst hat er sich über die einfachen, mit den Lehren der Theologie übereinstimmenden Glaubensvorstellungen Oberlins erhoben, der das Gespräch abbricht, da es ihn »zu weit von seiner einfachen Art« (S. 12) abführt. Doch Lenz gibt sich nicht zufrieden, liest in dem vielleicht schwierigsten Buch des Neuen Testaments, der Geheimen Offenbarung des Johannes, der sogenannten »Apokalypse« (S. 13), in der Geheimnisse über das Ende der Zeiten und das Gericht Gottes offenbart werden. Zu dieser Zeit überfallen Lenz wieder »ängstliche Träume« (S. 13).

■ Lenz in religiöser Ekstase

Diese Angst steigert sich, als Oberlin mit Kaufmann in die Schweiz reist. Die Tatsache, dass er sich im Gebirge verirrt hat, und die Begegnung mit dem kranken Mädchen und dem als heilig angesehenen Wunderheiler, mögen Lenz weiter in die Krise gestürzt haben:

■ »religiöse Quälereien«

»Er wühlte jetzt in sich. Er aß wenig; halbe Nächte im Gebet und fieberhaften Träumen« (S. 20).

Vergeblich sucht er Ablenkung; durchgehend leidet er an »seinen religiösen Quälereien« (S. 22). In seiner Verzweiflung bittet er, »Gott möge ein Zeichen an ihm tun« (S. 22).

Herausforderung Gottes

Er selbst stellt die Versuchsanordnung zusammen und fordert Gott heraus: Er erwartet das Zeichen an ihm, indem Gott »das Kind beleben möge« (S. 23), von dessen Tod Lenz erfahren hat und zu dem er im Bußgewand gekommen ist. Mit den im Neuen Testament überlieferten Jesus-Worten »Stehe auf und wandle!« (S. 23) nähert er sich dem Kind. Doch »die Leiche blieb kalt« (S. 23). Damit ist der Versuch gescheitert. Gott hat den Erwartungen von Lenz nicht entsprochen: »Da stürzte er halb wahnsinnig nieder« (S. 23).

»Atheismus… fasste ihn«

Seine Niederlage deutet er als einen Sieg der Hölle. Da er, Lenz, nicht mehr der von Gott Begünstigte ist, wird er zum Widersacher Gottes. In der Art des aufbegehrenden Prometheus ballt er jetzt »eine ungeheure Faust hinauf in den Himmel« (S. 23). Er möchte »die Welt mit den Zähnen zermalmen und sie dem Schöpfer ins Gesicht speien« (S. 23). Er stellt sich Gott entgegen: »der Atheismus […] fasste ihn ganz sicher und ruhig und fest« (S. 23). Lenz leugnet nicht die Existenz Gottes, sondern er fühlt sich im Stich gelassen; er hört nicht auf zu »beten« (S. 28); doch ist er überzeugt, »er sei das ewig Verdammte« (S. 30); er ist abgrundtief enttäuscht. Oberlin gegenüber sagt er:

»Aber ich, wär ich allmächtig, sehen Sie, wenn ich so wäre, ich könnte das Leiden nicht ertragen, ich würde retten, retten, ich will ja nichts als Ruhe, Ruhe« (S. 31).

Doch diese Ruhe wird er nicht finden. Früh gesteht er ein:

»mit mir ist's aus! Ich bin abgefallen, verdammt in Ewigkeit, ich bin der Ewige Jude« (S. 24).

Lenz und »der Alb des Wahnsinns«

Lenz im Gebirge

Der Wanderer, der Ende Januar das Steintal hoch durch das Gebirge geht, hat es schwer, mit den natürlichen Gegebenheiten und mit sich und seiner psychischen Disposition zurechtzukommen. Die Berggipfel sind von »Schnee« bedeckt; in den Tälern ist es »nasskalt«; am Himmel ziehen »graue Wolken«; aus den Seitentälern dampft »Nebel« (S. 3). Wichtiger als das, was in der Natur gegeben ist, ist das, was dieser Lenz in seinem Innern spürt, wahrnimmt, begreift und was er nicht begreift.

Die Wahrnehmungen des Wanderers

»Er begriff nicht, dass er so viel Zeit brauchte, um einen Abhang hinunterzuklimmen« (S. 3). Ihm ist »alles so klein, so nahe, so nass« (S. 3). »Er meinte, er müsse alles mit ein paar Schritten ausmessen können« (S. 3). Die Naturerscheinungen wie Sturm, Wolken, Wind und Sonnenschein nimmt er nicht als äußere Gegebenheiten wahr, sondern als »Stimmen«, als »wilde wiehernde Rosse«, als »blitzendes Schwert«, als »Wiegenlied und Glockengeläute« (S. 3 f.) – und dann »riss es ihm in der Brust« (S. 4); »er meinte, er müsse den Sturm in sich ziehen, alles in sich fassen« (S. 4). Innenwelt und Außenwelt gehen ineinander über. Er unterscheidet nicht zwischen dem, was ist, und dem, was ihm bewusst ist. Die menschlichen Begrenztheiten scheint er überwinden zu wollen: Ihm war manchmal »unangenehm, dass er nicht auf dem Kopf gehen konnte« (S. 3). Dann – am Ende des Tages und der Wanderung – überfällt ihn »namenlose Angst in diesem Nichts« (S. 5). Er fühlt sich verfolgt und herausgefordert; ihm ist, »als jage der Wahnsinn auf Rossen hinter ihm« (S. 5).

»Wahnsinn«

Damit ist das Stichwort gefallen, mit dem das Leitthema des ganzen Textes in abstrakter Form bezeichnet ist. Wahnsinn ist laut Brockhaus der volkstümliche Sammelname für alle auffallenden seelischen Krankheiten. Dass es von allgemeinem Interesse sein könnte, den Lebensweg von Lenz »bis zu der Zeit da er sich in Wahnsinn verlor«[35], anschaulich zu machen, hatte schon Goethe in seiner Autobiographie geäußert. Georg Büchner verfügte über die notwendigen literarischen Erfahrungen und medizinischen Kenntnisse, um auf der Grundlage der zusammengetragenen Materialien realistisch darstellen zu können, was sich tatsächlich in Waldbach zwischen dem 20. Ja-

35 Goethe (s. Anm. 11), S. 657.

nuar und dem 10. Februar 1778 ereignet hatte, dass nämlich Lenz in dieser Zeit nicht vom Wahnsinn geheilt, sondern zunehmend von diesem gepackt wurde. Die seiner Ansicht nach einzig hierfür angemessene Erzählweise hat er im Kunstgespräch zwischen Lenz und Kaufmann angekündigt:

> »Man versuche es einmal und senke sich in das Leben des Geringsten und gebe es wieder, in den Zuckungen, den Andeutungen« (S. 14).

Auf der Suche nach Licht und Ruhe

Lenz scheint gerettet zu sein, als er die »Lichter« von Waldbach und die Leute in den Häusern sieht: »alles ruhige, stille Gesichter, es war ihm als müsse das Licht von ihnen ausstrahlen« (S. 5). Beruhigend wirkt die Atmosphäre des Pfarrhauses auf ihn: »das heimliche Zimmer«, »die stillen Gesichter«, »das helle Kindergesicht, auf dem alles Licht zu ruhen schien« (S. 5). In dem Augenblick jedoch, in dem er das »Pfarrhaus mit seinen Lichtern und lieben Gesichtern« verlässt und das ihm zugewiesene Zimmer im Schulhaus bezieht, wird ihm »leer«, »das Licht war erloschen, die Finsternis verschlang alles« (S. 6). In dieser Situation befällt ihn »eine unnennbare Angst« (S. 6).

Die Ängste

Diese ungewöhnlichen Angstgefühle kennzeichnen das »Frühstadium einer melancholischen Erkrankung«[36]. Die »Angst in diesem Nichts«, die ihn im Gebirge ergriffen hatte, und das Bewusstsein der »Leere«

36 Büchner (s. Anm. 13), S. 135.

(S. 5) befallen ihn nach einer kurzen Phase der Beruhigung zum zweiten Mal, werden ihn »gegen Abend« des nächsten Tages wieder überfallen, nachdem der Ausritt mit Oberlin noch einmal »beruhigend auf ihn« (S. 7) gewirkt hatte. Von jetzt an bleibt ihm »der Alb des Wahnsinns« (S. 8) auf den Füßen.

Rettungsversuche

Lenz wehrt sich durchaus gegen die Anfälle. Er sucht Erleichterung durch Bewegung, folgt einem »Instinkt [...] sich zu retten«, indem er sich Verletzungen zufügt, sich in den »Brunnstein« (S. 6) stürzt. Tatsächlich kommt er durch diese schmerzvollen Operationen wieder zu »Bewusstsein« (S. 6). Er rechtfertigt sein Verhalten vor den Leuten, ohne den wahren Grund zu nennen. Noch kann er seine Krankheit verbergen.

Vorübergehende Hoffnung

Neue Hoffnung auf Heilung kommt in ihm auf, als er »die Bibel« (S. 8) nimmt und glaubt, dass ihm »jetzt [...] die Heilige Schrift« (S. 9) aufgehe. In der Tat werden seine Nächte »ruhig« (S. 10) und der sonntägliche Gottesdienst versetzt ihn in ein ekstatisches Hochgefühl. Er fühlt sich eins mit Gott, mit der Natur, mit den vertrauten Personen der Vergangenheit, glaubt, »eine unaussprechliche Harmonie« in der Natur zu bemerken und eine große »Ruhe in sich« (S. 12). Als er jedoch zusammen mit Oberlin die religiösen Spekulationen übertreibt, gerät er wieder »in ängstliche Träume«, liest in der »Apokalypse« und hat den Bogen überspannt (S. 13). Mit einer Katastrophe endet die Ereigniskette, in der Lenz während Oberlins Abwesenheit Gott anfleht, er »möge ein Zeichen an ihm tun«

(S. 22), und selbst bestimmt, dieses Zeichen solle darin bestehen, dass er das verstorbene Kind von den Toten erwecke. Als dieses Begehren unerfüllt bleibt, »stürzte er halb wahnsinnig« (S. 23) nieder. Da »war ihm alles leer und hohl« (S. 23). In der Überzeugung, »die Sünde in den Heiligen Geist« begangen zu haben, sich also wissentlich gegen Gott aufgelehnt zu haben, »steigerte sich seine Angst« (S. 24).

Schuldgefühle

Aus diesem Angstzustand wird er sich nicht mehr befreien können; denn jetzt ist er überzeugt, unrettbar schuldig zu sein. In »heftige Unruhe« gerät er, wenn er an das Gebot »Ehre Vater und Mutter« (S. 24) erinnert wird. Er fühlt sich zusätzlich schuldig, »Friederike« (S. 25), den »Engel«, den er liebte und von dem er glaubte, geliebt zu werden, »aufgeopfert« (S. 24), d. h. verlassen zu haben; nimmt an, dass seine »gute Mutter« (S. 25) tot sei; hält sich schließlich für den »Mörder« (S. 25 und 28) an beiden Personen und kann Oberlins Worten, »dafür sei Jesus gestorben [...] und er würde teilhaben an seiner Gnade« (S. 24), keinen Glauben schenken.

Endzustand der Krankheit

Lenz ist in eine Krankheitsphase geraten, in der Melancholiker an heftigen Angstzuständen leiden, »die sie im Endzustand der Krankheit jedoch auf moralische oder religiöse Verfehlungen zurückführen«[37]. Auch Lenz schiebt die Ursache seiner Angst auf Sünden, die er nie begangen hat. Die Versuche, aus diesem Zustand dadurch herauszukommen, dass er sich

37 Büchner (s. Anm. 13), S. 133.

mit »Gerten« kasteien lassen möchte und dass er sich wieder in den »Brunnentrog« stürzt (S. 25), sind wirkungs- und erfolglos:

> »Sein Zustand war indessen immer trostloser geworden, alles was er an Ruhe aus der Nähe Oberlins und aus der Stille des Tals geschöpft hatte, war weg; die Welt, die er hatte nutzen wollen, hatte einen ungeheuren Riss, er hatte keinen Hass, keine Liebe, keine Hoffnung, eine schreckliche Leere und doch eine folternde Unruhe, sie auszufüllen. Er hatte nichts« (S. 29).

Anfälle, die er anfangs nur in der Nacht erlitten hatte, befallen ihn nun auch am Tag: »[…] der Wahnsinn packte ihn« (S. 30); »Es war ihm dann, als existiere er allein, als bestünde die Welt nur in seiner Einbildung, als sei nichts, als er, er sei das ewig Verdammte, der Satan« (S. 30).

Die Selbsttötungsversuche

In dieser ausweglosen Situation unternimmt er mehrere Selbsttötungsversuche, die »nicht ganz Ernst« sind, sondern Versuche, »sich zu sich selbst zu bringen« (S. 31), und Fortsetzungen der verschiedenen Arten, sich Schmerz zuzufügen. Am Ende gibt er auf. Als man ihn in Waldbach abholt, ist »ihm einerlei, wohin man ihn führte«; »es war […] eine entsetzliche Leere in ihm« (S. 33); »sein Dasein war ihm eine notwendige Last« (S. 33).

»So lebte er hin«

Für die restliche Zeit des Lebens – es handelt sich immerhin um vierzehn Jahre – steht der Satz: »So lebte er hin« (S. 33). Das »So« steht für Krankheit, Armut, Abhängigkeit, Unstetheit; das »hin« mag bedeuten, dass Lenz noch eine Zeitspanne vor sich hat, aber keine erfüllte Zeit; was hier »leben« genannt wird, wäre mit »existieren« genauer bezeichnet.

7. Autor und Zeit

Elternhaus und politische Verhältnisse

Am 17. Oktober 1813 wurde in dem kleinen hessischen Dorf Goddelau laut Geburts- und Taufprotokoll »dem Herrn Ernst Karl Büchner, Doctor und Amtschirurgus dahier [...] und seiner Ehefrau Louise Caroline geb. Reuß das erste Kind, der erste Sohn geboren und am 28. Oktober getauft, wobei er den Namen Karl Georg erhielt«[38]. Der Vater hatte wie der hessische Großherzog Ludwig mit Napoleon sympathisiert, war als hessischer Landesbeamter seinem Landesherrn aber treu ergeben, als dieser nach der Niederlage Napoleons seine Fürstenrolle im Deutschen Bund spielte und gemäß den Richtlinien der Metternich-Politik in seinem Land für die Wiederherstellung der alten Verhältnisse, also für Restauration und Reaktion sorgte. Die Mutter hatte in ihrer Familie eher die Schattenseiten Napoleonischer Herrschaft kennengelernt und infolgedessen viel für die Freiheitsgedanken Schillers und der jugendlichen Patrioten übrig.

Der Arztberuf

Ernst Büchner war schon in der dritten Generation Arzt. Ärzte waren auch seine Brüder Wilhelm und Johann. Die Linie wurde fortgesetzt durch seine Söhne Wilhelm Büchner (1817–1892), den Pharmazeuten, Ludwig Büchner (1824–1899), der durch sein Buch *Kraft und Stoff* Berühmtheit erlangte, und eben durch Georg Büchner, der im Herbst 1831 das Studium der Medizin in Straßburg aufnahm.

38 Büchner (s. Anm. 2), S. 369.

Die Familie Büchner war 1816 in die Residenzstadt Darmstadt übergesiedelt, wo Vater Büchner zunächst als Bezirksarzt, später als Obermedizinalrat wirkte. Georg Büchner erhielt seinen Elementarunterricht zunächst zu Hause von seiner Mutter, kam als Neunjähriger in eine private Vorschule und wechselte 1825 auf das großherzogliche Ludwig-Georg-Gymnasium in Darmstadt. Zwei Schulreden des Gymnasiasten sind überliefert, in denen er die Handlungsweisen römischer Republikaner darlegt und rechtfertigt. Fraglich ist, ob man in diesen Abhandlungen mehr als eine rhetorische Übung sehen soll.

■ Schulzeit

Am 9. November 1831 trägt sich Büchner ins Register der Straßburger Universität ein. In Straßburg leben Verwandte der Mutter, die bei der Wohnungssuche behilflich sind. Straßburg ist für Studenten aus Hessen zwar eine auswärtige, aber doch nahe gelegene Universität. Nicht nur die Grenzlage zwischen Deutschland und Frankreich reizt, sondern auch die Stadt selbst mit ihrem Münster und der Umgebung des Elsass.

■ Studium

Von 1831 bis 1833 ist Georg Büchner Student in Straßburg. In dieser Zeit erlebt er hautnah, wie sich Bewegungen gegen die Restaurationspolitik unter Metternich formieren. In Straßburg werden Vertreter des unterdrückten Polen feierlich begrüßt; auf der Feste Hambach, etwa 100 Kilometer von Straßburg entfernt, versammeln sich im Mai 1832 liberal gesinnte Studenten zum »Hambacher Fest«. Von Straßburg aus schreibt Büchner an seine Eltern: »Meine Mei-

■ Restauration und revolutionäre Bewegungen

nung ist die: Wenn in unserer Zeit etwas helfen soll, so ist es Gewalt«[39]. Er stellt sich damit auf die Seite der revoltierenden Studenten und derer, die infolge der Hambacher Versammlung am 2. April 1833 in Frankfurt einen – dilettantisch vorbereiteten und deshalb gescheiterten – Putschversuch unternehmen.

Ehe Büchner im Sommer 1833 Straßburg verlässt, um, wie es von Landeskindern erwartet wird, an der Landesuniversität Gießen sein Examen abzulegen und sich auf die ärztliche Praxis vorzubereiten, verlobt er sich heimlich mit Minna (Wilhelmine) Jaeglé, Tochter des Pfarrers Johann Jakob Jaeglé, in dessen Haus er während seiner Studienzeit gewohnt hatte.

■ Verlobung

Zu Ostern 1834 stellt er sich dem Vater seiner Braut als Bräutigam vor; im Herbst 1834, an Georgs 21. Geburtstag, kommt Wilhelmine Jaeglé zu einem Besuch seiner Eltern nach Darmstadt, um im kleinen Kreis die Verlobung zu feiern. Zu dieser Zeit weiß Büchner bereits, dass er aufgrund seiner Sympathien zu Revolutionären von der Polizei beobachtet wird.

■ Büchner in Gießen

In Gießen erfährt er einerseits die staatlich verfügten Einschränkungen der Rede- und Pressefreiheit, die Not und Armut der unteren Schichten und andererseits das Aufbegehren von Intellektuellen und studentischen Burschenschaften. Er findet Kontakt zu revolutionären Kreisen, vor allem zu Friedrich Ludwig Weidig, einem Schulmann, mit dem er das hochbrisante Flugblatt *Der hessische Landbote* entwirft,

39 Büchner (s. Anm. 2), S. 381.

Abb. 5: Georg Büchner

und gründet sowohl in Gießen als auch in Darmstadt Verschwörergruppen. Mit der Auslieferung des Flugblatts machen sich die Verfasser des Hochverrats schuldig. Ihr Unternehmen fliegt auf. Auch Büchner wird denunziert, doch kann man ihm keine Mittäterschaft nachweisen. Ende 1834 verlässt Büchner Gießen, verbringt auf Veranlassung des Vaters auch den Winter im Elternhaus und schreibt in dieser Zeit das Drama *Dantons Tod* – Ergebnis seiner Studien und Überlegungen zur Französischen Revolution.

Die Flucht

Hatte die Familie Büchner gehofft, dass die Gießener Unternehmungen ihres Sohnes Georg nicht weiterverfolgt würden, so hatte sie sich getäuscht. Im Januar 1835 erhält Georg eine Vorladung vor das Kriminalgericht in Offenbach. Als sich Büchner weiterhin von der Polizei beobachtet weiß, entschließt er sich zur Flucht, an der er nicht gehindert wird. Am 9. März 1835 erreicht er Straßburg. Seinen Eltern schreibt er:

> »Der beständigen geheimen Angst vor Verhaftung und sonstigen Verfolgungen, die mich in Darmstadt beständig peinigte, enthoben zu sein, ist eine große Wohltat. […] Ich werde das Studium der medizinisch-philosophischen Wissenschaften mit der größten Anstrengung betreiben, und auf *dem* Felde ist noch Raum genug, um etwas Tüchtiges zu leisten.«[40]

Wissenschaftliche Forschungen

Er bearbeitet ein Thema der vergleichenden Anatomie und untersucht in mühseliger Präparierarbeit das Nervensystem von Fischen. Die Ergebnisse trägt er zunächst der »Gesellschaft des Straßburger Naturhistorischen Museums« vor, reicht die Arbeit unter dem Titel *Über die Schädelnerven der Barben* an der eben

40 Büchner (s. Anm. 2), S. 434.

gegründeten Universität Zürich ein, wird ohne weitere mündliche Prüfung promoviert und hat beste Aussichten, als Privatdozent in Zürich eine wissenschaftliche Laufbahn zu beginnen.

Als Büchner, der seit dem 13. Juni 1835 von Hessen aus steckbrieflich verfolgt wird, 1836 auf der Grundlage eines tadellosen Führungszeugnisses aus Straßburg und auf Vermittlung des Züricher Bürgermeisters Hess die Aufenthaltserlaubnis für Zürich erhält, scheint eine glücklichere Epoche zu beginnen. Doch wenige Wochen später wird er von einer tödlichen Krankheit gepackt, stirbt – dreiundzwanzigjährig – am 19. Februar und wird am 21. Februar 1837 auf dem Züricher Friedhof »Krautgarten« beerdigt.

Der plötzliche Tod in Zürich

Niemand hätte voraussehen können, dass der von der Landespolizei Verfolgte, früh Verstorbene, dessen Dramen zu seinen Lebzeiten nicht aufgeführt und dessen wichtigster Prosatext Fragment geblieben ist, zu einer Symbolfigur der deutschen Literatur erklärt werden würde, nach der inzwischen der renommierteste deutsche Literaturpreis benannt wird.

Werke

Der Hessische Landbote.
Sozialrevolutionäre Flugschrift von Georg Büchner und Friedrich Ludwig Weidig, anonym und mit der fingierten Ortsangabe »Darmstadt« in Offenbach »im Juli 1834« achtseitig in 1000 Exemplaren gedruckt und geheim verbreitet.

Dantons Tod. Ein Drama in vier Akten.
Auf der Grundlage sorgfältiger Quellenstudien während der Studienzeit in Gießen 1834 begonnen, 1835 als Druck erschienen, 1902 in Berlin uraufgeführt.

Dantons Tod besteht aus 32 locker aneinandergereihten Szenen, die im Paris des Jahres 1794 spielen. Hauptpersonen sind die aus der Geschichte der Französischen Revolution bekannten Wortführer Danton und Robespierre. In der Anfangszeit der Revolution war Danton die treibende Kraft. Doch er ist ermattet. Inzwischen hat Robespierre die Führung übernommen. Er ist für radikale Lösungen und vertritt die Ansicht: »Das Laster muss bestraft werden, die Tugend muss durch den Schrecken herrschen.« Er schrickt auch nicht davor zurück, Danton vor dem Revolutionsgericht anzuklagen.

Lenz. Erzählung. Fragment.
Begonnen 1835. Als Fragment im Nachlass aufgefunden, mit einem Vor- und Nachwort von Karl Gutzkow 1839 veröffentlicht.

Leonce und Lena. Lustspiel in drei Akten. Prosa.
Als Beitrag für eine 1836 angezeigte Preisaufgabe der Cotta'schen Buchhandlung entstanden, wegen Terminüberschreitung ungelesen zurückgeschickt. Im Nachlass aufgefunden, von Karl Gutzkow 1838 in der Zeitschrift Telegraph für Deutschland gedruckt, Uraufführung in München am 31. 5. 1895.

»Der Handlungsgang des Stückes parodiert das gängige Schema der Komödie. Leonce, Prinz des Reiches ›Popo‹, und Lena, Prinzessin des Reiches ›Pipi‹, sind einander verlobt, ohne sich zu kennen. Unabhängig voneinander beschließen sie, vor der Hochzeit zu fliehen. Im zweiten Akt treffen und verlieben sie sich, im dritten Akt lassen sie sich am Hofe Popo verheiraten, um sich erst danach als Prinz und Prinzessin zu erkennen«.[41]

Woyzeck. Trauerspiel. Fragment.
Die wahrscheinlich im Herbst 1836 entstandenen Szenenfolgen wurden in handschriftlicher Fassung in Büchners Nachlass gefunden, dann 1878 veröffentlicht und am 8. 11. 1913 in München uraufgeführt.

Den Stoff fand Büchner in gerichtsmedizinischen Gutachten zum Leipziger Mordfall Woyzeck. Aus Eifersucht tötete Woyzeck die Baderswitwe Woost und wurde später öffentlich hingerichtet. Zur Tatzeit war der ehemalige Perückenmacher, Diener und Soldat Gelegenheitsarbeiter und völlig mittellos.

Büchner verlegt die Handlung nach Hessen und lässt die Personen eine mundartlich gefärbte Sprache sprechen. Für die Folge der überlieferten Szenen sind unterschiedliche Verknüpfungsmöglichkeiten vorgeschlagen worden. Deutlich erkennbar ist der Prozess

41 *Hauptwerke der deutschen Literatur. Einzeldarstellungen und Interpretationen*, hrsg. von Rudolf Radler, Bd. 2: *Vom Vormärz bis zur Gegenwartsliteratur*, München 1994, S. 19.

der Selbstentfremdung und des Wirklichkeitsverlustes des geschundenen Menschen Woyzeck, der zum Mörder seiner ihm untreu gewordenen Geliebten Marie wird.

8. Rezeption

Die ersten Veröffentlichungen

Im Januar 1839 erschien in acht Folgen der Zeitschrift *Telegraph für Deutschland* das von Büchner hinterlassene Fragment unter dem Titel *»Lenz. Eine Reliquie von Georg Büchner«*.[42] Für die Herausgabe hatte Karl Gutzkow, einer der als »Jungdeutsche« verfolgten Schriftsteller, gesorgt. Ein Nachdruck dieser Ausgabe – jetzt als zusammenhängender Text – erschien 1842 im dritten Band der *Vermischten Schriften* von Karl Gutzkow in der Abteilung *Mosaik. Novellen und Skizzen von Karl Gutzkow*. Großes Aufsehen haben diese Publikationen, die das Büchner'sche Manuskript am genauesten wiedergeben, nicht erregt.

Ludwig Büchner, der jüngere Bruder Georgs, besorgte 1850 in Frankfurt am Main eine Edition der *Nachgelassenen Schriften* Büchners, gab dem Prosastück den Titel *Lenz. Ein Novellenfragment*, griff an mehreren Stellen in den Text ein, um ihn lesbarer zu machen, und entfernte sich dabei vom Original. Die Ausgabe wird heute als ›verschlimmbessert‹ zurückgewiesen.

Wenig Resonanz

Es ist nicht verwunderlich, dass Büchners Fragment nicht die Gunst eines Publikums gewann, das die Literatur der Biedermeier-Autoren oder des sogenannten poetischen Realismus bevorzugte. Ein Autor, dem als einziges Kriterium gilt, dass ein Kunstwerk »Leben habe«, nicht aber, »ob es schön, ob es hässlich

42 Büchner (s. Anm. 13), S. 176.

ist« (S. 13), und der überdies kein abgeschlossenes, durchgefeiltes und glattes Werk, sondern ein Fragment hinterlassen hat, kam da schlecht an.

Die Entdeckung Büchners am Ende des 19. Jahrhunderts

Erst am Ende des 19. Jahrhunderts, als die Hinwendung zur Wirklichkeit radikaler wurde und als Dichter nicht in der Glätte ihrer Verse, sondern in der Wirkung ihres Notschreis das Kriterium wahrer Dichtung sahen, wurde das Werk Büchners in seiner Bedeutung erkannt und in seiner Größe gewürdigt. Wie Lenz und sein Autor Büchner in dem »Idealismus«, den Kaufmann und der idealische Goethe vertreten, »die schmählichste Verachtung der menschlichen Natur« (S. 14) sehen, so verlangten die Vertreter eines radikalen Naturalismus eine Erweiterung der für Dichtung relevanten Themen. Auch das sogenannte Hässliche, auch Elend, Krankheit und Sterben durften geschildert und auf der Bühne gezeigt werden. Für das Lese- und Theaterpublikum bedeutete dies eine Herausforderung, die zu kontroversen Einstellungen führte. Ein Paradigmenwechsel hatte stattgefunden.

Arnold Zweig zitiert in einem Essay aus dem Jahr 1921 den Satz aus dem *Lenz* »nur war es ihm manchmal unangenehm, daß er nicht auf dem Kopf gehen konnte« und behauptete: »Mit diesem Satz beginnt die moderne europäische Prosa; kein Franzos und kein Russe legt moderner einen seelischen Sachverhalt offen hin«.[43] Mit diesem Urteil beginnt die Reihe der enthusiastischen Lobreden, von denen einige Pro-

43 Müller (Anm. 10), S. 56.

ben im ersten Kapitel dieses Lektüreschlüssels gegeben wurden.

Lenz und der Naturalismus

Der Konzeption, sich »in das Leben der Geringsten« hineinzuversetzen, die »Hülle« zu durchbrechen, um an die »Gefühlsader« der Menschen heranzukommen (S. 14), fühlen sich in der Folge nicht nur Autoren verpflichtet, die unter dem Etikett »Naturalismus« zusammengefasst werden und von denen beispielhaft Gerhart Hauptmann und seine Novelle *Bahnwärter Thiel* genannt seien.

Das Interesse an Lenz

Nicht nur Büchners Text, sondern auch die Person des »unglücklichen Lenz« weckte neues Interesse. Zumindest die im *Lenz*-Fragment genannten Dramen wurden – zum Teil in Bearbeitungen – auf die Bühne gebracht und ins Repertoire der Spielpläne aufgenommen. Doch auch losgelöst von seinem Werk regte dieser Jakob Michael Reinhold Lenz die Literaten an. Es reizte offensichtlich, die bei Büchner nur angedeuteten Konflikte des Dichters mit seinem Vater und seinem ›Konkurrenten‹ Goethe aufzuarbeiten. Als Beispiele solcher Ausweitungen seien genannt:

Hofmann, Gert: Die Rückkehr des verlorenen Jakob Michael Reinhold Lenz nach Riga. Stuttgart 1998. (Reclams Universal-Bibliothek. 9726.)

Damm, Sigrid: Vögel, die verkünden Land. Das Leben des Jakob Michael Reinhold Lenz. Berlin 2015. (Insel-Taschenbuch. 4418.)

Weiterverarbeitung des *Lenz*-Fragments

Auf der Grundlage von Büchners *Lenz* und unter Verwendung von dramatischen Elementen aus Büchners Stücken *Dantons Tod* und *Woyzeck* verfasste

Heinz Joachim Klein das Theaterstück *Ein Mann namens Lenz. Nach der Erzählung von Georg Büchner*, uraufgeführt 1984. Im gleichen Jahr wurde die Dramatisierung von Jürg Amman *Büchners Lenz* in Darmstadt vorgestellt. Bereits 1979 war die Kammeroper *Jakob Lenz* von Wolfgang Rihm in Hamburg aufgeführt worden.

Der Georg-Büchner-Preis als Teil der Wirkungsgeschichte

Auch die jährliche Vergabe des Georg-Büchner-Preises bietet den Preisträgern und den Preisvergebern Gelegenheit, an den Autor Büchner und sein Werk zu erinnern. Dabei ist es guter Brauch, Beziehungen zwischen dem Werk, der Lebenswelt und der Weltanschauung Büchners und dem Schaffen und den Schaffensbedingungen der Gegenwartsautor(innen) herzustellen. Zuletzt plädierte Brigitte Kronauer 2005 in ihrer Dankrede anlässlich der Verleihung des Georg-Büchner-Preises für die von Büchner vertretene Forderung an den Dichter, indem sie aus dem *Lenz*-Fragment zitierte: »Man muß die Menschheit lieben, um in das eigentümliche Wesen jedes einzudringen; es darf einem keiner zu gering, keiner zu häßlich sein, erst dann kann man sie verstehen.«[44]

44 Brigitte Kronauer, *Jeder Mensch ist ein Unikat in Detail und Variation.* Dankrede zur Verleihung des Georg-Büchner-Preises, in: *FAZ* vom 7. 11. 2005.

9. Prüfungsaufgaben mit Lösungshinweisen

Leser, die einen zusammenhängenden Text gelesen haben, und Theaterbesucher, die eine Aufführung von Anfang bis Ende verfolgt haben, können über den Gang der Handlung und über die vorgestellten Figuren Auskunft geben. Damit zeigen sie, dass sie das Gebotene grob verstanden haben, der Prozess des Verstehens ist damit jedoch noch nicht abgeschlossen. Für eine tiefergehende Auseinandersetzung mit dem Text gibt es verschiedene Verfahren, die den Prozess des Verstehens vorantreiben können. Dazu gehört beispielsweise die Charakterisierung einzelner Figuren sowie die Analyse ausgewählter Textabschnitte oder einzelner besonders markanter Sätze. Hilfreich kann auch die Erörterung von Sekundärtexten sein.

Aufgabe 1: Literarische Charakteristik

Das Wesen einer Figur in einem literarischen Text erschließt sich erst im Laufe des gesamten dargebotenen Geschehens. Empfehlenswert ist, zunächst die im Text gegebenen Daten der zu charakterisierenden Figur wie Name, Geschlecht, Alter und soziale Stellung zusammenzutragen.

Aus Handlungen und Gesprächen lassen sich dann Schlüsse auf Charaktereigenschaften und Wertvorstellungen ziehen. Neben den Selbsteinschätzungen der Figuren verdienen die Aussagen der anderen Handlungsträger die Figur betreffend ebenfalls Beachtung.

Am Ende wird man die charakterisierte Figur in die Gesamtkonstellation der handelnden Figuren einfügen.

Arbeitsauftrag 1: Charakterisieren Sie die Figur von Madame Oberlin, der Gattin von Pfarrer Oberlin.

Lösungshinweise

Figurendaten
- Name, Herkunft, Wohnort, Tätigkeit

Soziale Stellung
- Rolle im sozialen Umfeld: Familie, kirchliche und politische Gemeinde
- Welche Verhaltensweisen werden herausgestellt und fallen auf?
- Welche Charaktereigenschaften lassen sich erschließen?
- Verhalten gegenüber dem Gatten, den Familienmitgliedern, den Gästen

Kommunikationsverhalten
- Verhalten gegenüber Lenz

Zusammenfassende Beurteilung
- Wirkt das Verhalten von Madame Oberlin eher sympathisch oder eher unsympathisch?
- Halten Sie das Verhalten für angemessen, verständlich oder eher unangemessen?

- Wie schätzt der Erzähler das Gesprächsverhalten von Madame Oberlin ein?

Aufgaben 2 und 3: Interpretation einzelner Erzählabschnitte

Sinn einer Interpretation ist es, einen literarischen Text möglichst eindringlich zu verstehen, das Verstandene zu erklären, zu deuten und somit zu weiterführenden Erkenntnissen zu gelangen. Ziel der Analyse und Interpretation einzelner Textabschnitte ist immer, im Verständnis des Textganzen einen Schritt weiterzukommen. Andererseits ist zu beachten, dass auch zur Interpretation kleiner Textabschnitte ein Vorverständnis des Textganzen Voraussetzung ist.

Arbeitsauftrag 2: Analysieren und interpretieren Sie die Eröffnung des Textes, also den Gang »durchs Gebirg«, bis der noch nicht genannte Lenz an die Grenze des Dorfes kommt (von S. 3 bis S. 5).

Lösungshinweise

Stellenwert des Abschnitts für den Gesamttext

- Die Eröffnung
- Die offenen Fragen zu Ort, Zeit und Figur

Der Handlungsverlauf als knapper Sachbericht

- Welchen Eindruck gewinnt man von Lenz?
- Wie erlebt Lenz seine Umwelt?
  - Die wahrgenommenen Erscheinungen
  - Gipfel, Bergflächen, Äste der Tannen
  - Wolken, Sturm, Nebel

Beachten Sie die hinzugegebenen Bewertungen

Die Frage nach dem Erzähler

Mögliche Vordeutungen

- Der Weg »durchs Gebirg« als Lebensweg, als Leidensweg oder als möglicher Weg zur Erlösung?

Arbeitsauftrag 3: Textanalyse und Vergleich
Analysieren Sie den vorgegebenen Textausschnitt aus Peter Schneiders Erzählung *Lenz* und vergleichen Sie ihn interpretierend mit dem Anfang von Büchners Fragment *Lenz*.

Peter Schneider: *Lenz*

»›*Er ging gleichgültig weiter, es lag ihm nichts am Weg, bald auf – bald abwärts. Müdigkeit spürte er keine, nur war es ihm manchmal unangenehm, dass er nicht auf dem Kopf gehn konnte.*‹ (S. 5)

Georg Büchner, Lenz

Morgens wachte Lenz aus einem seiner üblichen Träume auf. Er war mit L. kilometerlang in einem Förderkorb durch ein Gebäude ohne Türen und Fenster gefahren. Um sie herum nichts als Wände. Dann war er einen dunklen Schacht hinuntergefallen, viele hundert Meter tief, ohne aufzuschlagen. Ein Fließband hatte ihn aufgenommen, das seinen Sturz in einen waagrechten Flug nach vorn verwandelte. Am Ende des Fließbandes wurde er aufgefangen. Er war erwartet worden: Frauen mit riesigen Brüsten, Zauberer, Clowns, saltoschlagende Kinder, die ganze kaputte Fellinitruppe. Ein Mann in einem flimmernden Kostüm drückte ihm einen Kuß auf den Mund. Lenz wurde wütend. Er sprang aus dem Bett.

Schon seit einiger Zeit konnte er das weise Marxgesicht über seinem Bett nicht mehr ausstehen. Er hatte es schon einmal verkehrt herum aufgehängt. Um den Verstand abtropfen zu lassen, hatte er einem Freund erklärt. Er sah Marx in die Augen: ›Was waren deine Träume, alter Besserwisser, nachts meine ich? Warst du eigentlich glücklich?‹

Während er Wasser für den Kaffee in den Kessel laufen ließ, überfiel ihn der Wunsch, L. anzurufen.«[45]

Lösungshinweise

Einleitung

- Hinweise zum Text: Verfasser, Titel, Textart, Erscheinungsort und -zeit

45 Peter Schneider, *Lenz*, Köln 2008, S. 7. – © 2008 Kiepenheuer & Witsch GmbH & Co. KG, Köln.

Analyse des Textabschnitts

- Erläuterung der erzählten Situation:
  - Ort und Zeit
  - Traum und Wirklichkeit
  - Die Traumbilder
  - Das »Marxgesicht über seinem Bett«
  - Rückschlüsse auf die Figur »Lenz«?

Vergleich mit dem Anfang von Büchners *Lenz*

- Die Figuren
- Die Situationen
- Die Erzählintentionen
- Parallelen?

Aufgabe 4: Analyse eines Sachtextes

Arbeitsauftrag 4: Analysieren Sie den Ausschnitt aus Martin Walsers Büchner-Preis-Rede, indem Sie vor allem Thema, Thesen und Argumente herausarbeiten. Formulieren Sie die zugrundeliegende Problemfrage und nehmen Sie unter Bezug auf Ihre Interpretationsergebnisse zu Büchners Werk Stellung zu Walsers Thesen.

Martin Walser: *Woran Gott stirbt. Dankrede*

Hinweis: Martin Walser ist einer der produktivsten und erfolgreichsten deutschsprachigen Autoren der Gegenwart. Er wurde 1927 in Wasserburg am Bodensee geboren, studierte nach Militärzeit und Kriegsgefangenschaft, promovierte und arbeitete als Redakteur des Süddeutschen Rundfunks, ehe er sich als freier Schriftsteller in seiner Heimat am Bodensee niederließ. Zahlreich sind seine Erzählungen, Essays und Dramen, herausragend seine zahlreichen Romane, die ihren Stoff sehr häufig der aktuellen Wirklichkeit entnehmen. Seine Novelle *Ein fliehendes Pferd*, 1978 erschienen und später verfilmt, ist oft gewählte Schullektüre. Walser erhielt unter anderem den Preis der »Gruppe 47« (1955), den »Georg-Büchner-Preis« (1981) und den »Friedenspreis des Deutschen Buchhandels« (1998).

»Bis vor ein paar Wochen kannte ich Büchners Prosastück ›Lenz‹ nur vom rühmenden Hörensagen. Gewohnt, Lektüre der Lebensstrategie zu unterwerfen, schob ich den ›Lenz‹ auf, um, wenn der Büchnerpreis anfiel, ein frisches Leseerlebnis in Gebrauch nehmen zu können. […]

Für die, die immer schon den ganzen Büchner kannten, ist es nichts Neues, dass die Heftigkeit, mit der Büchner Leere auszudrücken vermag, offenbar aus seinem Atheismus stammt. Im ›Lenz‹ ist das, wie ich jetzt sah, das Thema.

[…]

Lenz ist in einer Krise; am besten flieht man da ins Gebirge; um sich des Heils gleich doppelt zu versichern, schlüpft Lenz im Gebirge auch noch bei einem Pfarrer unter. Er fügt sich fromm zu lauter Frommen. Die Natur, die auf dem Herweg in Fetzen um ihn toste, gerinnt zu einem ruhigen Tal. Er wird des festen Pfarrers Gehilfe. […]

Lenz kriegt sich noch einmal. Als er herfloh, sei es gewesen, als jage der Wahnsinn auf Rossen hinter ihm. Aber als er dann sogar hoffen kann, als Prediger andere zu trösten, wird er selber ›fester‹. ›… es war, als löste sich alles in eine harmonische Welle auf.‹

Die Festigkeit hält nicht. Die Novelle erzählt den Kampf des Erschütterten gegen die Erschütterung. Er bräuchte Gott. Alles andere ist probiert. Und je weniger sonst noch in Frage kommt, desto heftiger greift er nach diesem Gott. Die heftigste Bewegung ist wohl jene nach den Händen eines gestorbenen Kindes; die fasste er und ›sprach laut und fest: Steh auf und wandle!‹ Weiter kann man nicht gehen. Danach kann nur noch Trotz mit Grinsen folgen. Die Natur wird zur grimassierenden Kulisse, der gestolperte Titan reagiert mit Nerven und diagnostiziert sich aus dem kältesten Wortschatz der Welt den kältesten Befund auf den Hals: Atheismus. Er findet sich jetzt ›kalt und unerschütterlich‹: ›es war ihm alles leer und hohl‹. Die Geschichte selber operiert auch weiterhin christlich. Lenz ist jetzt der Gepeinigte, der Abgefallene, der Verdammte, für den rundum therapeutisch gebetet wird: Wahnsinn und Verdammnis sind da eins. Er ist der auf sich selbst losgelassene Satan, der sich mit seinen Vorstellungen foltern muss. In dieser christlich operierenden Geschichte entsteht dann die reinste Büchnerstimmung: jene vollkommene Empfindlichkeit, die in allem, was Raum und Zeit noch bieten, nichts als Leere schmeckt. Lenz klagt jetzt, wie schwer alles sei. ›Er glaube gar nicht, dass er gehen könne; jetzt endlich empfinde er die ungeheure Schwere der Luft.‹ In dieser Satzfügung klingt schon mit, dass man diesen entsetzlichen Zustand auch als Errungenschaft sehen darf. Schließlich ist das die Empfindlichkeit, die allein fähig macht, unsere Lage richtig auszudrücken. ›Er hatte *nichts*‹, heißt es. Er ist also geliefert. Komplett. Schutzlos, haltlos, interesselos. Daher die dann überall grassierende Langeweile. Alles wird zur Qual. Der nicht mehr vorhandene Gott macht einen solchen Lärm, dass es nicht auszuhalten ist.«[46]

Lösungshinweise

Vorstellung des Textausschnitts

- Autor und Titel der Veröffentlichung
- Textsorte: Ort, Zeit und Anlass der öffentlichen Rede

Analyse des Textausschnitts

- Die Einleitung
- Die Herausarbeitung von Thema und Thesen
- Aussagen über Büchners Grundauffassung, Wahrnehmungen und seine Dichtungen

Problem

- Sind die Einschätzungen des Redners mit Ihren Interpretationsergebnissen vereinbar oder nicht?

46 Martin Walser, *Woran Gott stirbt. Dankrede*, in: *Büchner-Preis-Reden. 1972–1983*, Stuttgart 1984, S. 167 ff. [auch in: *Deutsche Akademie für Sprache und Dichtung: Jahrbuch*, Göttingen 1982, S. 91–96 und online: www.deutschakademie.de/auszeichnungen/georg-buechner-preis/martin-walser/dankrede] – © Mit Genehmigung von Martin Walser, Überlingen.

10. Literaturhinweise / Medienempfehlungen

Textausgaben

In dem vorliegenden Band wird nach der folgenden Reclam-Ausgabe zitiert:

Büchner, Georg: Lenz. Hrsg. von Ralf Kellermann und Eva-Maria Scholz. Stuttgart 2015. (Reclam XL. Text und Kontext. 19232.)

Büchner, Georg: Sämtliche Werke und Briefe. Historisch-kritische Ausgabe. Mit Kommentar. Vier Bände. Hrsg. von Werner R. Lehmann. Hamburg 1967 ff.

Büchner, Georg: Sämtliche Werke und Schriften. Historisch-kritische Ausgabe mit Quellendokumentation und Kommentar (Marburger Ausgabe). Im Auftr. der Akademie der Wissenschaften und der Literatur, Mainz. Hrsg. von Burghard Dedner und Thomas Michael Mayer. Bd. 5: Lenz. Hrsg. von Burghard Dedner und Hubert Gersch unter Mitarb. von Eva-Maria Vering und Werner Weiland. Darmstadt 2001.

Büchner, Georg: Lenz. Der Hessische Landbote. Nachw. von Martin Greiner. Stuttgart 2016 [u. ö.]. (Reclams Universal-Bibliothek. 7955.)

Sekundärliteratur

Biographien

Zu Georg Büchner

Arnold, Heinz Ludwig (Hrsg.): Georg Büchner. Zwei Bände. München 1979.

Hasselbach, Karlheinz: Georg Büchner. Stuttgart 2006. (Reclams Universal-Bibliothek. 15121.)

Hauschild, Jan-Christoph: Georg Büchner. Biographie. Stuttgart/Weimar 1993.

Johann, Ernst: Georg Büchner mit Selbstzeugnissen und Bilddokumenten. Reinbek bei Hamburg 1989. (rowohlts monographien. 18.)

Martens, Wolfgang (Hrsg.): Georg Büchner. Darmstadt ³1988. (Wege der Forschung. 53.)

Zu Jakob Michael Reinhold Lenz

Damm, Sigrid: Vögel, die verkünden Land. Das Leben des Jakob Michael Reinhold Lenz. Berlin 2015. (insel taschenbuch. 4418.)

Hohoff, Curt: Jakob Michael Reinhold Lenz mit Selbstzeugnissen und Bilddokumenten. Reinbek bei Hamburg ⁵1999. (rowohlts monographien. 259.)

Luserke, Matthias (Hrsg.): Goethe und Lenz. Die Geschichte einer Entzweiung. Eine Dokumentation. Frankfurt a. M. / Leipzig 2001. (insel taschenbuch. 2750.)

Materialien und Interpretationen zu Büchners *Lenz*

Erb, Andreas: Georg Büchner: *Lenz.* Interpretation. München 2006. (Oldenbourg Interpretationen. 87.)

Raddatz, Fritz J.: Georg Büchner: *Lenz.* In: Zeit-Bibliothek der 100 Bücher. Frankfurt a. M. 1980. (suhrkamp taschenbuch. 645.)

Schaub, Gerhard: Erläuterungen und Dokumente. Georg Büchner: *Lenz.* Stuttgart 1987. (Reclams Universal-Bibliothek. 8180.)

Wiese, Benno von: Georg Büchner: *Lenz.* In: B. v. W.: Die deutsche Novelle von Goethe bis Kafka. Interpretationen II. Düsseldorf 1986. S. 104–126.

Verfilmungen

Büchners *Lenz* wurde mehrmals verfilmt:

Lenz. Regie: George Moorse. Deutschland 1970, 130 Min.
Lenz. Regie: Alexandre Rockwell. USA 1981, 95 Min.
Lenz. Regie: Thomas Imbach. Schweiz 2006, 95 Min.
Büchner.Lenz.Leben. Experimenteller Dokumentarfilm. Regie: Isabelle Krötsch. Deutschland 2013, 108 Min.

Medien

Eine unterhaltsame Kurzfassung des Geschehens mit Hilfe von Playmobilfiguren bietet »Sommers Weltliteratur to go«:

www.sommers-weltliteratur.de/lenz [auch auf Youtube: www.youtube.com/watch?v=qNvEh50bKLg]

11. Zentrale Begriffe und Definitionen

Analyse: griech. *analýein* ›auflösen‹. Zerlegen eines Ganzen in seine Einzelteile, also Sätze in Satzteile, Dramen in Akte und Szenen, Romane in Kapitel. Die genaue Betrachtung der kleinsten Teile trägt zum besseren Verständnis des Ganzen bei.

➤ S. 87 f.

Aufsatz: Jede kürzere Behandlung eines Themas in sachlicher Form: Bericht, Beschreibung, Schilderung.

➤ S. 8 ff., 47 f.

Autor: lat. *auctor* ›Schöpfer, Förderer‹. Urheber eines literarischen Werkes: Verfasser, Schriftsteller, Dichter.

➤ S. 7 ff., 42, 72–77

Biographie: griech. *bios* ›Leben‹ und *graphein* ›schreiben‹, also Lebensbeschreibung. Die Biographie ist eine Art Geschichtsschreibung, in der das Leben eines einzelnen Menschen mit seinen Erlebnissen und Leistungen betrachtet wird.

➤ S. 21, 27, 33, 35, 45 f.

Charakterisierung: Darstellung einer Figur in einem literarischen Text. Der Zugang zu einer Figur geschieht entweder direkt, durch Angaben des Erzählers oder anderer Figuren, oder indirekt, indem aus Handlungen und Reaktionen der Figur selbst auf deren Charakter geschlossen wird.

➤ S. 25, 29, 35 f., 85

Dichter: Verfasser eines herausragenden Sprachkunstwerks. Die Abgrenzung vom Schriftsteller ist fließend und problematisch. Die Einschätzung des spezifisch Dichterischen hat sich im Laufe der Zeit gewandelt und wird sich weiter wandeln.

➤ S. 9, 43, 57 ff., 82 ff.

Diskurs: lat. *discursus* ›Auseinanderlaufen, das Hin- und Herlaufen‹. Mit dem Oberbegriff bezeichnet man die Auseinandersetzung bei Meinungsverschiedenheiten zur Lösung von Problemfragen. Als Problemfragen gelten ungelöste Fragen, deren Beantwortung Schwierigkeiten bereiten. Zu den Fragen werden Thesen gebildet, zu den Thesen werden Argumente gesucht. Danach beginnt die Erörterung.

➤ S. 14, 36, 54 f.

Erlebte Rede: ein Mittel epischer Gestaltung. Gedanken oder Empfindungen einer Figur werden dem Leser oder Hörer aus deren Sicht mitgeteilt. Meist geschieht dies in der 3. Person im Indikativ: »Er wusste nicht mehr, was ihn vorhin so bewegt hatte, es fror ihn, er dachte, er wolle jetzt zu Bette gehn […]« (S. 23).

➤ S. 43

Erzähler: Aller Erzählkunst liegt die Ursituation zugrunde, dass ein Erzähler da ist, der das Erzählte einem Hörerkreis vermittelt. Der Erzähler kann, muss aber nicht identisch mit dem Autor sein. Häufig ist der Erzähler im Text eine fiktive Gestalt – vom Verfasser in das Werk integriert, um das Geschehen aus eigener Sicht zu schildern.

➤ S. 40 ff., 60

Erzählung: Zusammenfassender Begriff für die verschiedenen epischen Arten, vor allem verwendet für literarische Texte mittleren Umfangs, die sich nicht eindeutig als Novelle klassifizieren lassen.

➤ S. 40 ff.

Figur: lat. *figura* ›Gebilde, Gestalt, Erscheinung‹. Literaturwissenschaftler bezeichnen die Handlungsträger in epischen und dramatischen Werken als Figuren, in Abgrenzung von real existierenden Personen.
Sprachwissenschaftler sprechen bei bestimmten rhetorisch ausgestalteten Sprach- und Stilgebungen von Figuren.
➤ S. 20 f.

Figurenkonstellation: das Beziehungsgeflecht zwischen den Figuren eines dramatischen oder epischen Textes, das durch Gegensätze und Entsprechungen in sozialer, politischer, religiöser oder psychologischer Hinsicht geprägt ist.
➤ S. 20

Fragment: lat. *frangere* ›brechen, zerbrechen‹; also Bruchstück, übriggebliebenes, nicht vollendetes Teilstück.
➤ S. 10, 38 f., 47–52

Georg-Büchner-Preis: Der bedeutendste und am höchsten dotierte Literaturpreis der Bundesrepublik Deutschland.
➤ S. 8, 77, 84

Interpretation: lat. *interpres* ›Vermittler, Erklärer‹. Deutung eines Werkes unter Berücksichtigung aller verfügbaren Methoden. Erwünscht ist eine Zuordnung zu Art und Gattung des Textes und eine Zuordnung zur literarischen Epoche. Erkenntnisse zum Inhalt, zur Form, zur Sprachgestaltung und zur Intention des Textes werden ebenfalls in die Interpretation einbezogen.
➤ S. 47 f., 87

Konzept: lat. *conceptum* ›kurz Abgefasstes, Gedachtes‹. Entwurf oder Plan eines Werkes oder einer Schrift.
➤ S. 57 ff., 83

Novelle: ital. *novella* ›kleine Neuigkeit‹. Eine Erzählung mittleren Umfangs, die sich von anderen epischen Untergattungen mittlerer Länge dadurch abgrenzt, dass sie einen Konflikt, »eine sich ereignete unerhörte Begebenheit« (Definition nach Johann Wolfgang Goethe) in den Mittelpunkt des Geschehens rückt.

➤ S. 10, 38, 49 ff.

Prosa: lat. *prorsa oratio* ›die nach vorn ausgerichtete Rede‹; nicht durch Reim und Metrum gestaltete Redeweise, sondern die kunstlose Umgangssprache im Gegensatz zur poetischen Redeweise.

➤ S. 10, 48

Quelle: die Grundlage einer Geschichte. Dichter verarbeiten teils reale Begebenheiten in ihren Geschichten, lassen sich davon inspirieren und mehr oder weniger beeinflussen.

➤ S. 12, 44 ff.

Realismus: Literaturbewegung zwischen 1830 und 1890. Historischer Kontext ist die missglückte bürgerliche Revolution von 1848. Typisches Merkmal realistischer Literatur ist die Abkehr von idealistischen, romantischen Strömungen und die Darstellung der alltäglichen Wirklichkeit.

➤ S. 59 f.

Realistisch: lat. *res* ›Besitz, Habe; Sache, Ding; Tat, Handlung‹, davon abgeleitet *realis, realiter* ›realistisch‹; sachlich, der Wirklichkeit möglichst nahekommend.

➤ S. 11, 60

Reliquie: lat. *relinquere* ›zurücklassen, hinterlassen, übriglassen‹.

➤ S. 7, 10, 39, 50, 52